16	3	2	13
5	10	11	8
9	6	7	12
4	15	14	1

José Ramos Tinhorão

CULTURA POPULAR

Temas e Questões

editora 34

EDITORA 34

Editora 34 Ltda.
Rua Hungria, 592 Jardim Europa CEP 01455-000
São Paulo - SP Brasil Tel/Fax (11) 3816-6777 editora34@uol.com.br

Capa, projeto gráfico e editoração eletrônica:
Bracher & Malta Produção Gráfica

Revisão:
Alexandre Barbosa de Souza
Cide Piquet

1ª Edição - 2001

Catalogação na Fonte do Departamento Nacional do Livro
(Fundação Biblioteca Nacional, RJ, Brasil)

Tinhorão, José Ramos, 1928-
T588c Cultura popular: temas e questões / José Ramos Tinhorão. — São Paulo: Ed. 34, 2001.
192 p.

ISBN 85-7326-218-4

1. Cultura popular - Brasil - História e crítica.
I. Título.

CDD - 306.40981

CULTURA POPULAR
Temas e Questões

INTRODUÇÃO

Tão amplamente estudadas há já um século e meio no que se refere ao mundo rural desde o surgimento do folclore — decidido inicialmente a registrar "tradições populares" com um pé na Arqueologia e outro na História —, as manifestações de cultura coletiva não têm merecido até hoje equivalente atenção, no que toca às criações das cidades.

Mesmo considerado o fato de a história nova, herdeira do grupo francês do *Annales*, ter retomado a partir da década de 1970, sob nova roupagem metodológica, "o estudo da mentalidade popular" reivindicado por Saintyves em 1936 no seu *Manual de folclore*, as tentativas de explicar o processo das criações urbanas do ponto de vista histórico-sociológico-cultural ainda são muito raras.

Devido talvez à sua proximidade no tempo, e sua rápida mobilidade no espaço social, historiadores e especialistas em estudos sociais têm preferido dedicar-se, desde o advento do conceito de cultura de massa, mais ao exame dos produtos dela derivados — folhetins, literatura de *best sellers*, cinema, novelas de televisão e música popular — do que ao mecanismo histórico-social que explica o próprio surgimento e aceitação de tais "novidades".

Um das razões para entender a recusa da adoção de uma visão dos fatos culturais mais dialética, multifacetada e dinâmica, seria a de que, sobre implicar a trabalhosa interdisciplinaridade proposta pela história nova (abertura metodológica responsável, desde logo, pelo fracasso do método nos Estados Unidos, ainda presos ao funcionalismo derivado de sua tradição pragmatista), esta nova forma não se adota sem associar no processo histórico o particular ao geral, o que põe necessariamente em relevo os pressupostos ideológicos de quem estuda tais fenômenos.

Ora, o que os estudos históricos nos mais variados campos têm demonstrado, nos últimos anos, é uma fuga quase geral a essa responsabilidade da interpretação da realidade segundo princípios claramente estabelecidos, o que tem reduzido não apenas a História, mas a Sociologia e a Antropologia Social e Cultural à crônica curiosa de costumes, à enumeração de quadros de situações possíveis (em competição, aqui, com a "ciência" econômica) e à transformação do comportamento humano em peças de ficção.

Isso equivale a dizer que, se não se quiser reduzir a História à mera crônica dos fatos, ou à simples acumulação de notícias sobre suas múltiplas manifestações (para dar a animada impressão de surpreender a simultaneidade na quantidade), torna-se necessário encontrar o nexo que une as situações descritas, ou seja, a ligação às vezes oculta entre o mundo real em que as coisas acontecem e as formas sociais e culturais que afinal vão assumir, através do comportamento ou da ação humana.

Essa ligação entre os fatos da realidade material e sua projeção no que se convenciona chamar de pensamento teórico, arte, literatura e demais manifestações da "inteligência" ou da "criatividade", só poderá ser procurada na História, mas segundo uma visão que, tomando todos os fenômenos como parte de um processo geral, seja capaz de detectar a dinâmica interna que mantém em movimento esse jogo de interinfluências. Para isso, é preciso que o intérprete dos fatos sócio-culturais em estudo tenha a coragem ideológica de expor, com toda a clareza, o que entende por História.

Para o autor dos presentes ensaios o que se chama de História é a crônica dos homens no mundo, ou seja, de suas relações com a natureza e com os outros homens. Ou, como escreveu Marx em seus *Manuscritos de 1844*: "A História constitui, na verdade, a história natural do homem".

Nessas relações com a matéria que compõe o mundo são os homens que dispõem das coisas, o que os transforma em sujeitos e, as coisas, em objetos. Daí decorre que a ação dos homens é uma prática objetiva, ou seja, um tipo de relação que une necessariamente o sujeito ao objeto.

Como o homem é um ser racional, isto é, capaz de emprestar uma intenção aos gestos com que se relaciona com as coisas e as modifica, isso — que se chamará de pensamento — também constitui algo objetivo e, portanto, histórico. E isto comprovado pelo fato de coisas modificadas implicarem mudanças no pensamento que comandará a próxima modificação. Assim, como as intenções se objetivam na prática, esta se torna fundamental para o pensamento, ou se teria que admitir um pensamento sem objetivo.

As relações dos homens com as coisas não se dão isoladamente, mas enquanto os homens se relacionam entre eles, o que transforma até mesmo a prática movida por intenção ou pensamento isolado, numa prática social. Assim, ao intentar-se a crônica da prática da vida dos homens, o que se fixa é o conjunto das suas relações, comprovando que a História natural do homem, na verdade, é a história da ação dos homens em sua prática social. O que, desde logo, confirma não apenas o aforismo de Marx, mas o anterior princípio do poeta Goethe: "Im Anfang war die Tat" [No início era a ação].*

Se as relações entre os homens giram basicamente em torno da necessidade de uma ação transformadora das coisas, através da apropriação ou criação de alimentos e de bens — condição única para a manutenção da vida de todos —, tal prática comum ganha o caráter de relações de produção. Desta maneira, confor-

---

* Fausto, em seu gabinete de sábio, abre um volume em que se lê: "Im Anfang war das Wort" [No início era o verbo]. Do ponto de vista do Criador, considera Goethe-Fausto, seria mais próprio que estivesse: "Im Anfang war die Kraft" [No início era o poder]. Ao lembrar-se, porém, de que força e poder só se efetivam no momento mesmo da criação, Goethe não tem dúvida, e Fausto tranqüilamente escreve ("schreibe getrost"): "Im Anfang war die Tat" [No início era a ação]. *Faust.* Ester Teil. Berlin, Deutsche Buch-Gemeinschaft G.M.b.H., s.d., p. 98.

me o modo pelo qual os homens se associem para tal prática transformadora-criadora de bens — o que nas sociedades avançadas ganha a forma de um modo de produção —, corresponderão diferentes formas de relações de produção. Assim, do momento em que o esforço conjunto dos homens se organiza em termos de relações de produção, daí derivarão, necessariamente, diferentes relações sociais entre eles.

Ora, como no mundo moderno ocidental — iniciado com o mercantilismo comercial do século XVI, e continuado na Revolução Industrial do século XVIII, para culminar na atual explosão tecnológica dos computadores — o modelo vigente é o modo de produção capitalista, pode-se dizer que a história do Homem é agora a dos homens sujeitos a relações sociais derivadas do estágio atual de tal modo de produção. As relações sociais nascidas das relações de produção próprias desse sistema serão, pois, as que resultam da divisão dos homens em diferentes classes.

Após dividir os homens inicialmente em livres e escravos, o poder político-administrativo encarregado, sob o nome de Estado Moderno, de preservar o modo de produção capitalista, adaptou suas instituições a essa divisão dos homens segundo uma escala de valor econômico-social, medida pela contribuição de cada um à produção geral. Isso quer dizer, pois, que a divisão da sociedade em diferentes classes liga-se ao princípio da propriedade privada dos meios de produção, parte essencial do modo de produção capitalista.

Assim, como a totalidade dos homens não participa da sociedade enquanto indivíduos, mas como membros de uma classe, a tendência de cada um é assumir as idéias básicas admitidas como próprias e boas para toda a classe, sob o nome de ideologia.

E eis como, transportado tal princípio para o campo do interesse humano nas criações alheias à produção material — como arte, música, teatro, poesia, ficção etc. —, também esta produção intelectual projetará uma ideologia. E isso conduz à conclusão de que, numa sociedade de classes, o que afinal se chama de Cultura, é uma cultura de classes.

É esta visão assim tão simples e linearmente exposta que orienta o autor nos ensaios que agora se vão ler.

José Ramos Tinhorão

1.
A VOCAÇÃO CAIPIRA DE UMA CIDADE COSMOPOLITA

A) ELITE RURAL PAULISTA SUFOCA CULTURA DO POVO NA CIDADE

Um característico que chama atenção, quando se examina a história cultural dos mais antigos centros urbanos brasileiros do século XVI transformados em grandes cidades modernas — Salvador (1549), São Paulo (1554), Rio de Janeiro (1565) e Recife (porto destinado a partir do Seiscentos a superar a capital, Olinda, de 1565) —, é a surpreendente pobreza criativa das camadas populares paulistanas, tanto na área das festas de rua, quanto na da invenção de danças e cantos.

De fato, enquanto Salvador, polarizando a cultura da vasta área do Recôncavo, contribuiria com a música, jogo e dança da capoeira e das chulas da festa da Segunda-feira do Bonfim, o Rio de Janeiro — depois de fazer surgir a modinha e urbanizar o lundu no século XVIII — criaria o choro no século XIX, e ainda enriqueceria o carnaval no século XX com as marchas dos ranchos e sambas da Festa da Penha e de suas futuras "escolas"; e, finalmente, ao Recife caberia contribuir, na virada do século XX, com a explosão sonoro-coreográfica do frevo, São Paulo iria restringir-se, em termos de criação popular, ao fenômeno localizado e algo elitista do cultivo das serenatas oitocentistas pelos alunos (e às vezes professores) de sua Faculdade de Direito.

O que poderia constituir um enigma ou uma exceção de caráter sócio-cultural, porém, pode ser explicado pela evolução histórica da própria cidade, considerada sua peculiaridade: enquanto as demais capitais diversificavam suas atividades, ampliando a divisão social (o que permitia às várias camadas estruturar diferentes culturas), São Paulo preservou de tal forma sua condição de centro administrativo de economia rural, que o início da imigração estrangeira e o surgimento das indústrias deixaram as novas camadas sem modelos urbanos a que se pudessem enquadrar.

Em verdade, o que as informações sobre a vida social de São Paulo indicam, desde o século XVIII, é uma curiosa reprodução entre as camadas baixas da cidade — representadas pelos escravos e os novos trabalhadores livres brancos e mestiços — das formas de lazer mais típicas do mundo rural. Assim, além de, a exemplo dos pequenos povoados do interior, os negros da capital costumarem reunir-se após as procissões para batuques, congadas e moçambiques nos adros e largos das igrejas (entre elas as de São Bento, São Benedito e do Rosário), os próprios moradores brancos da cidade dividiam-se entre a imitação pura e simples da moda européia da camada mais alta, e o cultivo de tradições da área rural, como era o caso das festas de São João, com seus foguetes e suas fogueiras. Ou, como escrevia em suas *Reminiscências paulistanas* o cronista Afonso A. de Freitas, referindo memórias pessoais do início do século XX:

> "Ainda em época relativamente recente, nas noites de festas religiosas populares, notadamente nas de Santo Antônio, nas de São João e São Pedro, pelos quintais das casas nobres ou dos chãos humildes da Paulicéia, na frente dos casarões opulentos ou das modestas moradias, acendiam-se fogueiras em abundância tal que, em determinado momento, quem das eminências que rodeiam a velha Capital paulista observasse, receberia a impressão de estar assistindo ao incêndio de uma cidade"[1].

---

[1] Afonso A. de Freitas, *Reminiscências paulistanas*, São Paulo, Martins, 1955, p. 147.

Aliás, como a simplicidade da estrutura urbana era a marca da cidade que mal chegaria a duplicar sua população em sessenta anos do século XIX (pouco mais de 20 mil habitantes em 1828, menos de 50 mil em 1886), não havia sequer um mercado ao início da segunda metade do Oitocentos, o que permitia aos caipiras (chamados de matutos) transitarem pelas ruas com suas tropas vindas de sítios distantes como Cotia e Juqueri, para concorrer com as negras de tabuleiro detentoras do comércio ambulante local. E isso equivalia a transportar o campo para a cidade, como deixava perceber no volume VI de sua *História da cidade de São Paulo sob o Império (1842-1854)* o historiador Afonso de E. Taunay:

> "De noite os caipiras que aí estacionavam na Rua das Casinhas, que fazia vez de mercado, batucavam a toque de violas, cantando as suas modinhas [naturalmente suas modas próprias] admiráveis como demonstração da espontânea fluência com que o octossílabo[2] e a trova saem da boca do povo.
>
> Exemplo:
>
> Ai nhanham, mecê não sabe
> Como está meu coração,
> Está como noite escura
> Na maior escuridão"[3].

O nome de *modinha* para os cantos dos caipiras deve ser entendido como expressão genérica (significando quaisquer mo-

[2] O que Taunay chama de octossílabo corresponde ao nosso heptassílabo, ou redondilha maior. É que em francês, assim como em outras línguas, conta-se até a última sílaba métrica.

[3] Afonso de E. Taunay, *História da cidade de São Paulo sob o Império, volume VI (1842-1854)*, São Paulo, Departamento do Patrimônio Histórico — Divisão do Arquivo Histórico, 1977, p. 394.

das e não o gênero de canção urbana chamado de modinha), pois, na verdade, o que os caipiras deviam cantar em plena capital da província eram suas modas à viola, que incluíam toadas, recortados de cururu e versos de danças de cateretê ouvidos nos arredores da cidade, ainda em fins do século XIX:

> "... iniciarem o desempenho ficando neste capítulo O Cateretê uma das feições características do nosso povo, as cenas do cateretê paulista, tal como se desenrolavam ainda há uns trinta anos passados [o livro é de 1921] em os arredores da Capital"[4].

Ora, se se considera uma estrutura de vida tão simples e tão estreitamente ligada à cultura do mundo rural, não será de estranhar que na cidade de São Paulo as autoridades pudessem obter o controle social com mais eficiência do que em qualquer outro centro brasileiro, no sentido de impedir manifestações de caráter mais tipicamente urbano, capazes de perturbar o pacato cenário de província. E seria essa eficiência da regulamentação dos costumes — realmente só possível graças à ausência de uma suficiente massa popular com história local própria, capaz de forçar sua presença no cenário sócio-cultural — que explicaria a singularidade do caso de São Paulo no processo geral da organização espontânea do lazer entre as camadas baixas das cidades brasileiras.

Segundo se pode depreender pelas ordenanças municipais desde o século XVIII — que é a partir de quando se pode falar de cidades em sentido moderno, no Brasil —, já em 1752 uma provisão proibia não apenas as danças em cortejos religiosos (o que constituía desde o século XIV uma tradição portuguesa inaugurada com a procissão de Corpus Christi), mas o uso de máscaras, o que prejudicaria necessariamente as danças de origem africana realizadas pelos negros escravos nos adros das igrejas. E a prova

---

[4] Afonso A. de Freitas, *op. cit.*, p. 154.

dessa perda de substância das formas crioulas de informação africana na cidade (e que poderia ter gerado uma variante paulistana do tipo dos afoxés carnavalescos da Bahia e Rio de Janeiro, por exemplo) estaria no fato de os negros, não podendo usar suas máscaras rituais africanas, terem abandonado suas danças características, passando a imitar inclusive as dos índios brasileiros. Essa modalidade de dança chamada de *caiapós* — ainda sobrevivendo nos carnavais de hoje, principalmente no Recife — teria sido estimulada talvez pelas próprias autoridades brancas, em face da onda de nacionalismo desencadeada por ocasião da Independência em torno da figura do índio brasileiro. O que fazia a nova criação, aliás, tão artificiosa, que sua falta de espontaneidade não escaparia ao autor das *Reminiscências paulistanas*, ante a forma como registrava a nova dança dos negros de São Paulo, embora sem perceber a razão do que criticava:

> "As castas da população foram se delimitando e detalhando-se os costumes, até a extinção da promiscuidade de classe naqueles folguedos. Unicamente as 'congadas', 'batuques', 'sambas' e 'moçambiques' ainda se realizavam pelas ruas, de ordinário no Largo de São Bento ou junto às igrejas de São Benedito (que os documentos atestam pertencer a São Francisco) e do Rosário, após o recolhimento das procissões: reprimidas por anacrônicas, foram substituídas pela dança dos 'caiapós', arremedo dos costumes daqueles silvícolas, sem valor étnico, organização artificiosa que era de pretos crioulos da Capital"[5].

As próprias formas de lazer urbano da população branca importadas da Europa, por sinal, não escapavam também ao controle das autoridades. Segundo registraria Afonso de E. Taunay

[5] Afonso A. de Freitas, *op. cit.*, p. 147.

em suas crônicas sobre a cidade de São Paulo entre 1842 e 1854, já em 1843 o Fiscal da Cidade relatava à Câmara seu embaraço em multar o capitão Isidoro José da Rocha, "encontrado na Rua São Gonçalo a molhar os transeuntes", porque muitos outros faziam o mesmo durante o entrudo (depois carnaval) e nada lhes acontecia. A postura vinha de 1832 e, ante problemas como esse levantado pelo Fiscal da Cidade em 1843, lá viria nova postura em 1850, desta vez importante como documento da vida social, pois mostrava que não apenas os brancos entrudavam, mas também os negros, inclusive escravos. É que a nova postura ratificada dois anos depois, em 1852, estabelecia pena de 6 mil-réis para os infratores livres e de 60 açoites para os escravos, no caso de a brincadeira ser em via pública, e de 4 mil-réis para os livres e 25 chibatadas para os escravos, quando a água fosse atirada das janelas ou pela porta, de dentro das casas. E a distinção era significativa por revelar que as autoridades, embora preocupadas em reprimir a manifestação popular em si, mostravam-se mais severas quando a brincadeira transbordava para as ruas, podendo assim ganhar a amplitude de uma manifestação mais difícil de conter.

Tais tipos de proibições contra as manifestações carnavalescas do entrudo eram, é bem verdade, comuns em todas as cidades brasileiras (onde nada mais se fazia, neste ponto, do que reeditar iguais medidas previstas de há muito na legislação portuguesa), mas em São Paulo essa decisão inibitória das manifestações coletivas deve ter funcionado com mais eficácia, até pelo rigor com que paralelamente se regulava a própria disponibilidade das pessoas para o lazer. Segundo lembraria o sempre citado cronista Afonso de E. Taunay, por volta de 1850 "aos empregados de casas comerciais de muitas e muitas firmas só se lhes concedia licença para saírem livremente quatro vezes por ano, no dias de Ano Bom, Páscoa, Corpus Christi e Natal" (aos domingos deviam voltar da missa diretamente para os chamados *plantões*), o que excluía qualquer possibilidade de organização de lazer coletivo de tal contingente de moradores da cidade. E tanto a existência dessa preocupação de controle era objetivo constante da alta camada formada pelos ricos e pelas autoridades que, quando em 1852 a Câmara finalmente ordenou o fechamento do comércio aos domingos (com exceção das "tavernas, armazéns e casas em que se vendem comestíveis, bem assim as boticas"), o argumento de maior peso para a rápida suspensão da medida, em 1853, foi o de que

> "começava a desmoralização a se apoderar dos caixeiros, já pelo mau uso de divertimentos em dias nos quais a religião do Estado devia ser acatada com toda a veneração, já pela solidão em que em tais dias ficava a Cidade, dando indícios de que nela não reinava muita civilização"[6].

Assim, embora se pudesse compreender a proibição de 1832 contra "o jogo denominado de capoeiras", já em 1847 as restrições às diversões de rua se haviam ampliado inclusive a usos da mais enraizada tradição, estabelecendo, por exemplo, pena de prisão para o ato de "soltar buscapés, ainda mesmo em vésperas de São João, Santo Antônio e São Pedro" (em 1850 a Câmara iria proibir até as fogueiras juninas nas ruas), o que viria a explicar o fato de, a partir da segunda metade do século XIX, novas formas de diversão passíveis de organização na cidade serem praticamente apenas as das classes mais altas.

Em verdade, quando a partir de 1830 os estudantes da Faculdade de Direito, anexa à Igreja de São Francisco, começaram a movimentar as noites paulistanas com suas serenatas dentro da área central a que se reduzia toda a cidade (ou às vezes mais afastadas, para os lados das chácaras à sua volta, nos bairros da Glória, Brás, Ponte Grande ou Santo Amaro), nada mais estariam fazendo do que ampliar antigo costume das grandes famílias locais. Era o velho hábito de imitar os saraus da Corte, no Rio de Janeiro, onde desde fins do século XVIII imitavam-se, por sua vez, os dos

---

[6] Afonso de E. Taunay, *op. cit.*, p. 400.

salões de Lisboa cantando modinhas. Tradição aliás tornada nacional, e já documentada em São Paulo mesmo desde 1813 pelo médico e homem de negócios sueco Gustavo Beyer, que após estada em Santo Amaro registraria que canto e dança "sempre acabam com serenatas de noite em honra das damas depois de estarem já recolhidas aos seus aposentos"[7]. Costume paulistano esse logo depois confirmado em 1817 pelos naturalistas alemães Spix e Martius, referindo-se expressamente ao lirismo das letras:

> "As modinhas são de origem portuguesa ou brasileira. Estas últimas distinguem-se das primeiras pela naturalidade do texto e da melodia; são inteiramente ao gosto do público, e revelam algumas vezes verdadeiro estro lírico de poetas, na maioria anônimos"[8].

O próprio repertório dos estudantes da Faculdade de Direito — onde, aliás, se revelariam vários compositores vindos das mais diferentes províncias, mas dentre os quais sobressairiam os mineiros, como Aureliano Lessa, Bernardo de Guimarães, Venâncio José Gomes da Costa Júnior, autor de pelo menos duas músicas com versos de Fagundes Varela, e Teodomiro Alves Ferreira, autor da modinha "A Ti, Flor do Céu", até hoje obrigatória nas serestas de Montes Claros — era em geral calcado no das modinhas e lundus em voga à mesma época no Rio de Janeiro. E isso de forma tão corrente e comprovada, que permitiria ao cronista da vida acadêmica paulistana Carlos Penteado de Rezende escre-

---

[7] Gustaf Beyer, "Ligeiras notas de viagem do Rio de Janeiro à Capitania de São Paulo...", tradução de Alberto Lofgren, *in Revista do Instituto Histórico de São Paulo*, vol. XII, 1907, pp. 275-311. Beyer acrescenta que, em seu baile de despedida, "entre danças executaram-se lindos trechos do grande compositor do Rio de Janeiro Sr. Marcos Portugal, modinhas brasileiras e outras músicas e cantos bonitos".

[8] J. B. Spix e C. F. P. von Martius, *Viagem pelo Brasil*, Rio de Janeiro, Imprensa Nacional, 1958, vol. I, p. 210.

ver em seu livro *Tradições musicais da Faculdade de Direito de São Paulo*:

> "Aliás, os concertos noturnos do gênero patusco iam habitualmente envolvidos numa aura de boas risadas, motivadas não só pelas facécias, como também pelo repertório escolhido, que desfiava lundus como 'Mulatinha do Caroço', 'Má Maria, Eu Tá Muito Goniado' e outros"[9].

Essa tendência dos grupos paulistanos socialmente mais bem situados em seguir os padrões de vida urbana da Corte iria se confirmar, aliás, quando em 1857 — numa repercussão quase imediata à novidade dos préstitos carnavalescos, lançada no Rio em 1856 por idéia do escritor José de Alencar —, também em São Paulo, a gente endinheirada inaugurou a moda elegante dos desfiles, com a característica local de aparecerem encarapitadas no alto dos carros de platibandas, exibindo ricas fantasias, as mais famosas prostitutas da cidade.

Tal peculiaridade distintiva dos desfiles de carros alegóricos no carnaval de São Paulo (responsável por sinal pelo afastamento das "famílias" do seu público, quando a proliferação dos clubes e bailes mascarados em suas "cavernas", teatros e hotéis, sempre imitando o Rio, transformou a partir da década de 1860 a festa em verdadeira orgia) chegaria mesmo a firmar tradição. A atrevida exibição das mulheres fazia tal sucesso, que em seu romance *Carola Maluca*, de 1919, Coelho Cavalcanti mostrava a prostituta carioca, sua personagem, a desfilar vestida de rainha no carnaval de São Paulo de 1888 em carro "todo ele, cravejado de rosas brancas, puxado por uma parelha de éguas de finíssima raça, propositadamente vindas da granja do coronel Ipiranga". E tudo

[9] Carlos Penteado de Rezende, *Tradições musicais da Faculdade de Direito de São Paulo*, São Paulo, Saraiva, 1954, p. 142.

ao som da "banda de música da polícia, gentilmente cedida pelo respectivo comandante"[10].

Ora, se assim avançada a segunda metade do século XIX não se podia esperar qualquer contribuição original dos grupos de classe média e alta da capital às formas de lazer urbano (dada sua dupla atração pelas novidades de Paris e do Rio de Janeiro), seria para admitir que isso viesse a acontecer por contribuição da massa de ex-escravos negros que desde 1888 sobressaíam na massa de trabalhadores citadinos que começava a se formar.

Acontece que os negros de São Paulo, desde logo sujeitos à circunstância histórica culturalmente negativa de não viverem permanentemente na cidade (eram enviados ao trabalho no campo, só as mulheres permanecendo em serviços urbanos[11]), viram o quadro local modificar-se rapidamente com a irrupção de dois fatores novos por aquele final do Oitocentos: a afluência de ex-escravos vindos da área rural, e a chegada das levas de trabalhadores imigrantes estrangeiros da Europa.

Para as camadas populares de São Paulo — onde, em termos de organização, se destacavam até então os negros devotos de Nossa Senhora do Rosário, promotores dos chamados *tamba-*

---

[10] Coelho Cavalcanti, *Carola Maluca*, Rio de Janeiro, s.n., 1919, p. 65.

[11] Este pormenor foi atiladamente captado em 1817 pelo alemão Martius, ao observar que a taxa de natalidade entre os escravos de São Paulo era pequena "devido a serem os escravos, homens empregados, em geral, na lavoura e no pastoreio do gado, a maior parte do ano sós nas distantes chácaras de fazendas de criar gado; as mulheres, ao contrário, permanecem ocupadas nos mesteres caseiros" (Spix e Martius, *op. cit.*, p. 208). Acresce a este fato outra circunstância lembrada por Leda Marques Porto em seu estudo *Samba na cidade de São Paulo (1900-1930): um exercício de resistência cultural* (São Paulo, FFLCH-USP, 1986), e segundo a qual além de a "maior parte dos negros estarem no interior", "os existentes na capital eram em sua maioria de propriedade de instituições que, naturalmente, estimulavam-nos para outras manifestações culturais, como os moçambiques e congadas" (p. 55).

ques, versão paulistana dos reinados de congos dançados em frente à igreja da padroeira em suas festas[12] — a nova composição social nascida dessa mistura iria se revelar culturalmente problemática. É que, levados a uma convivência obrigatória com estrangeiros e migrados da área rural em diversos bairros — como os da Barra Funda, Liberdade, Lavapés e o formado nos terrenos da antiga chácara fronteira aos campos do Bexiga, ou para além da Luz, na direção dos Campos Elíseos —, os negros paulistanos não contavam com um modelo de organização própria já estruturado para oferecer, o que estava destinado a gerar uma contradição: em vez de converter os recém-chegados do interior à cultura urbana local, foram por eles levados a incorporar peculiaridades do mundo rural.

O retrato dessa contradição logo se tornaria evidente no fato de, enquanto pela mesma virada do século a vida popular brasileira se enriquecia com novas criações urbanas — na Bahia, com as festas da Segunda-feira do Bonfim, em Salvador (para onde acorria gente de todo o Recôncavo), e no Rio de Janeiro com as da Penha (que atraía moradores de todos os bairros da cidade) —, em São Paulo os componentes das novas camadas populares passavam a sair da cidade para integrar-se às festas religioso-profanas de Pirapora do Bom Jesus, espécie de capital da área do batuque rural do médio Tietê.

A conseqüência dessa polarização do urbano pelo rural — fenômeno paulista absolutamente original dentro do processo cultural popular brasileiro, onde a cidade diluiu sempre os modelos do campo, impondo sua marca na síntese representada por novo produto final — foi a inconsistência das criações populares de São Paulo na área do lazer.

---

[12] Segundo A. Martins, à p. 135 do vol. II de seu livro *São Paulo antigo* (1912), "o tambaque era uma dança com grupos de negros dançando e cantando com suas parceiras, que, adornadas de rodilha de pano branco na cabeça, pulseira de prata, e de rosário de contas vermelhas e de ouro ao pescoço, pegavam no vestido e faziam requebrados".

Para começar, ao contrário do que acontecia nos demais pontos de concentração de negros herdeiros da cultura africana no Brasil, os batuques ou sambas da área de economia do café paulista caracterizavam-se ritmicamente pela predominância de um centro pesado de batida de bumbo (ao som do qual se organizava o canto coletivo a partir de um estribilho individual improvisado na hora) e pela coreografia da dança baseada em fileiras, ao contrário das rodas de umbigadas tradicionais.

Esse característico, aliás, seria posto em relevo por Mário de Andrade em seu pequeno estudo "O samba rural paulista", ao comparar o samba das festas de Bom Jesus de Pirapora de agosto de 1937 com os batuques dos negros por ele já observados anteriormente nos carnavais de 1931, 1933 e 1934. Escrevia então:

> "A coreografia deste samba difere profundamente da do batuque, ou samba, ou que outro nome tenha que, vindo da África, se generalizou entre nós. No batuque ou samba mais tradicional, descrito por viajantes antigos, e ainda sobrevivente na Bahia [cf. Edison Carneiro, "O samba", *in Cidade do Salvador*], há três elementos essenciais que o definem coreograficamente. É uma dança em que os dançantes formam círculo; quem dança realmente é um par, destacado do círculo e posto em evidência no centro dele; o passo, ou melhor, o movimento característico desse par dançarino é a umbigada, fim culminante dos floreios coreográficos, acabado o qual a dança recomeça com par novo. Nenhum destes três elementos existe no samba rural paulista que não é uma dança de par, mas coletiva; cuja disposição não é o círculo, mas o paralelismo dos dançantes em fileiras; e onde não existe a umbigada"[13].

---

[13] Mário de Andrade, "O samba rural paulista", *in Aspectos da música brasileira*, São Paulo, Martins, 1965, p. 174.

Seriam, pois, esses grupos de batuqueiros de origem rural que, a impor seu estilo nos redutos de moradia das camadas mais baixas, iriam estabelecer desde logo diferença com os últimos representantes do samba ligados à tradição urbana dos valentes cultivadores das rodas de pernada, levando vantagem nas iniciativas de organização. E, de fato, enquanto a perseguição policial e as próprias modificações urbanas aceleradas pela febre das construções iam acabando desde a Primeira Guerra Mundial com os grupos locais tipo "negros da Glete" ("crioulos valentes da Barra Funda", os ensacadores e carregadores que faziam do Largo da Banana o equivalente paulistano dos sambistas da Praça Onze do Rio, ou da Ribeira de Salvador, que "brigavam de perna e de *espinho*"), os migrados recentes buscavam acomodar-se à "vida normal".

Não deveria constituir surpresa, pois, que ao fim da primeira década do século XX, ao procurarem uma forma de conquista de espaço para sua gente no carnaval de rua da cidade, os representantes das baixas camadas de São Paulo, já agora em sua maioria negros de origem rural, chegassem afinal a uma síntese do velho batuque de bumbo, com os dançantes em fileiras das festas de Pirapora, com elementos imitados do carnaval carioca: mestre-sala e porta-estandarte, ritmo de marcha para o canto, mais a idéia do baliza por sugestão do malabarismo de soldados da banda do Batalhão Naval, igualmente do Rio. Surgiam, assim, a partir do Grupo Carnavalesco Barra Funda de 1914 — depois Camisa Verde (por causa do uniforme que incluía ainda calça e sapatos brancos) e, finalmente, Camisa Verde e Branco (para fugir à comparação com os "camisas verdes" do Partido Integralista) —, os futuros cordões carnavalescos de São Paulo.

Ecléticos na sua formação a ponto de incluírem, inicialmente, no lado dos couros da percussão liderada pelo bumbão do batuque rural, a mistura de orquestra de rancho carioca com seus trombones, clarinetas e saxofones, mais o pau-e-corda dos choros à base de flauta, violão e cavaquinho da baixa classe média, os cordões paulistanos controlados por apitos e regidos por bastões abandonavam na parte do canto os improvisos sobre estribilhos de samba, em favor das marchas de ritmo vivo, embora continuando a chamar sua música de batuque[14].

No início sem participação de mulheres, que se limitavam a assistir a brincadeira dos maridos, amantes, filhos, parentes ou vizinhos — de onde o nome de amadoras, que conservaram depois de incluídas nos desfiles, no início da década de 1920 —, os grupos carnavalescos, mais tarde registrados como cordões, constituíram, na verdade, em sua origem, pequenos blocos familiares de bairros de trabalhadores do pesado, operários e artesãos (as mulheres na maioria empregadas domésticas), que saíam sem preocupação de obediência a enredo ou fantasias (quando muito presas a um tema genérico, como Sacadura Cabral, a indicar portugueses no geral), dançando em fileiras que evoluíam fazendo "cobrinhas" ao som de um fundo de marcação de bumbo:

"Ôi Barra Funda..."

a que o coro respondia:

"É inveja do seu rival
Ainda temos esperança
De ser reis do carnaval"[15].

---

[14] Os esclarecimentos sobre os primeiros cordões paulistanos e seus integrantes foram prestados ao autor pelo pioneiro criador do Grupo Carnavalesco Barra Funda, depois Camisa Verde e Camisa Verde e Branco, Dionísio Vicente Barbosa (Itirapina, SP, 1893-São Paulo, SP, 2/1/1977), em entrevista concedida em sua residência, no bairro da Casa Verde, em 1974. Segundo Dionísio, "espinho" era gíria da época para arma branca, navalha ou punhal. Informava ainda que os valentes saíam no carnaval cantando sambas de estribilho, acompanhando-se com chocalho e batendo em garrafas, sem qualquer fantasia especial. Dionísio lembrava ainda de "um grupo do João não-sei-de-quê, da Alameda Glete", que reunia nomes como os de Pantera Negra, Amargoso, Ildefonso, Arnaldo Tintureiro, João Caboclo e Félix Costa.

[15] As informações sobre o significado do termo "amadoras" e sobre a

Dionísio Barbosa: pioneiro do carnaval paulistano, criou em 1914 o bloco carnavalesco da Barra Funda (Grupo da Barra Funda), depois transformado em Cordão Camisa Verde e hoje G.R.E.S.M. "Camisa Verde e Branco".

O curioso é que, mesmo após essa estruturação urbana sob a forma de grupos carnavalescos para brincadeiras de rua com máscara e dança, sob o nome de cordões (disputando espaço, aliás, com blocos, ranchos e, desde a década de 1930, com escolas de samba, a partir da do Lavapés), os foliões paulistanos continuavam a comparecer em agosto às festas de Pirapora. Era, afinal, uma espécie de homenagem que valia por um retorno periódico à sua origem rural, mas onde agora os antigos migrantes vinham impor o atroar de seus bumbos carnavalescos sobre o cavo som dos últimos tambus de tronco cavado a fogo, seu antecessor do tempo dos batuques de africanos[16].

A conseqüência cultural dessa falta de tradição local citadina — que a fazia oscilar entre a influência da cultura rural e as imitações das modas do carnaval carioca (inclusive as músicas de rádio, a partir da década de 1930) — foi a facilidade com que a gente das camadas populares de São Paulo, com toda a riqueza de possibilidades criativas e a origem negra comum à maioria que a compunha, admitiu depois da década de 1960 abdicar de sua criação de meio século. Gradativamente, passaram a abandonar a forma cordão com seu forte batuque, seu apito, seu bastão, seus balizas, seus pratos de banda e o canto de suas marchas, ao som das quais evoluíam as fileiras fazendo cobrinhas, em favor da reprodução pura e simples da estrutura das escolas de samba cariocas.

Se tal acontecia na área das classes populares, a mesma incapacidade em produzir formas de cultura urbana próprias con-

---

estrutura inicial dos grupos carnavalescos de São Paulo, logo chamados de cordões, e os versos de suas primeiras marchas, foram fornecidos ao autor por Dionísio Barbosa na citada entrevista de 1974.

[16] Em 1927 o cronista-historiador Rolando de Sergi, ao rever em Pirapora os sambas e batuques que conhecera no início do século XX, observaria em tom nostálgico: "O bumbo corriqueiro e prosaico substituía em todos os grupos o primitivo e característico tambu" (Rolando de Sergi, "Samba do passado no saracoteio e contorsões de ébanos figurantes", *in* suplemento Pensamento e Arte do jornal *Correio Paulistano*, de 8/11/1953, p. 13).

tinuava a revelar-se entre as camadas da classe média paulistana, pela razão ainda mais explicável de, a partir do fim do século XIX — e basta ainda hoje percorrer os sobrenomes dos paulistanos nos volumes das Listas Telefônicas —, serem constituídas pela mais variada mistura étnica internacional que se possa ajuntar. E tudo compondo, afinal, uma massa desvinculada de tradições, que continua a oscilar entre a velha atração pela cultura européia de seus avós, e os modernos modelos norte-americanos maciçamente divulgados pelos meios de comunicação.

Neste ponto, talvez alguém pudesse alegar que houve nas primeiras décadas do século XX os tanguinhos e canções de sabor sertanejo de Marcelo Tupinambá, as valsas e chorinhos de Zequinha de Abreu, a transformação da música caipira trazida para o disco por Cornélio Pires em "música sertaneja" e, afinal, mais modernamente, os sambinhas italianados de João Rubinato, o Adoniran Barbosa.

Essas criações, no entanto, todas contemporâneas da era do disco e do rádio, já constituíam artigos para o mercado do lazer, incluindo-se assim no âmbito das produções da indústria cultural de massa. E essa é outra história, da qual as camadas populares não participam como autores, mas apenas como compradores do produto acabado. E, agora, não apenas em São Paulo, mas em todo o Brasil.

B) O TRAJETO PARIS-TEXAS DAS ELITES DE SÃO PAULO

Cidade cuja elite tradicional continuava, no Império, a reproduzir no ambiente urbano a vida das fazendas, em meio a objetos e modas importadas da Europa, e enxergando nas camadas baixas apenas a chusma dos seus serviçais, São Paulo estava destinada a transformar-se, a partir da década de 1870, no centro urbano de mais forte caráter cosmopolita do Brasil.

Culturalmente esse traço particular iria implicar que, por tradição vinculada, na área interna, às sugestões da Corte, no Rio de Janeiro, e externamente às de Paris, a elite paulistana, tendo conseguido minimizar pelo controle social as manifestações de cultura popular local, não tivesse a oferecer qualquer modelo de viver urbano de caráter próprio, quando o advento da economia manufatureiro-comercial provocou a irrupção de camadas médias na cidade.

Em verdade, quando de 1870 a 1889 — ou seja, do fim da Guerra do Paraguai à instituição da República — um contingente de 208.549 imigrantes estrangeiros deu entrada na Província, os vários milhares que se dirigiram à capital de São Paulo não se integraram a um quadro social previamente estabelecido, mas passaram, eles, a formar seus próprios modelos de organização social.

Exemplos dessa organização por afinidade étnica e cultural iriam de fato multiplicar-se a partir de 1890, quando dos oito jornais paulistanos a metade já se dirigia apenas aos estrangeiros: o *Germania* e *Freie Presse* aos de língua alemã; o *Lega Italiana* e

Il Fulmine aos italianos. Imprensa dirigida a gente forânea cujos filhos, aliás — por identidade étnica ou religiosa —, freqüentavam a Deutsche Schule (alemães e suíços), a Escola Americana (preferida dos protestantes em geral), a Escola Francesa Mista, e os peninsulares, mais numerosos, os colégios Italiano, Sempre Avanti e Regina Margherita.

Assim, em pouco tempo, enquanto os alemães dançavam polcas e ouviam Beethoven no Clube Germânia, funcionários de bancos e firmas inglesas reuniam-se em torno das opções pelo *cricket* ou pelo *football*[1], preferindo os italianos — que formavam com seus 24 mil representantes a quase metade da população paulistana de 64.349 habitantes em 1890 — organizar-se culturalmente desde 1897 em sociedades filodramáticas: os *filodrammatici* que já no século XX dariam ao teatro brasileiro o gênio da atriz Itália Fausta.

De fato, era tal o clima europeu da cidade de São Paulo por esse final do século XIX, que o filho do cônsul suíço no Brasil, comerciante Henrique Raffard, podia registrar em seus "Apontamentos de viagem" publicados em jornais do Rio e de São Paulo em 1890/91:

> "A população da paulicéia é geralmente de origem estrangeira e fala quase tanto o italiano quanto o

---

[1] Sob o título "Medalhas para os campeões. A Light nas origens do futebol brasileiro", a publicação *Boletim Histórico*, editado pela Eletropaulo em São Paulo (nº 7, setembro de 1986), cita o filho de ingleses Charles Miller (nascido no bairro do Brás em 1874) como introdutor do futebol na cidade, após sua volta da Inglaterra em 1894: "De volta a sua cidade natal e empregado na São Paulo Railway, Miller convence seus colegas e outros funcionários da São Paulo Gas Company e do London Bank a aprender com ele nos terrenos baldios da Várzea do Carmo (hoje Parque Dom Pedro) as regras técnicas e táticas do novo esporte" (p. 14). Os primeiro treinos do time de Miller foram realizados na Chácara Dulley, no bairro do Bom Retiro, onde desde 13 de maio de 1888 (dia da libertação dos escravos) existia o clube com campo de *cricket* São Paulo Athletic Club.

português, sendo o alemão assaz vulgarizado; assim não é de admirar que os vestuários, as lojas e mesmo os prédios tenham aspecto muito diferente do que predominavam em outra época — o aspecto geral de São Paulo é mais europeu do que o de qualquer outra cidade do Brasil"[2].

Não seria, pois, de estranhar que, ao começarem a aparecer nos últimos anos do século XIX as novidades destinadas ao entretenimento das camadas baixas e médias dessa sociedade tão cosmopolita, tudo viesse da Europa ou dos Estados Unidos. Assim, na área dos esportes, italianos espalhavam-se por terreiros e corredores de bodegas fazendo estalar as bolas de madeira nos jogos de bocha; os espanhóis multiplicavam pela cidade os frontões de pelota basca e, na Rua da Consolação, os interesses comerciais dos fabricantes de bicicletas levavam à construção de um velódromo, onde os paulistanos da classe média — e em poucos anos também as paulistanas — pedalavam bicicletas francesas como as da Peugeot, inglesas como as Humbler, alemãs como as da Concordia e norte-americanas como as das marcas Columbia, Cleveland, Clement, Defiance, Monarck, Styria ou Brennabort[3].

---

[2] Henri Raffard, *Alguns dias na Paulicéia*, São Paulo, Biblioteca da Academia Paulista de Letras, vol. 4, 1977, p. 21. Primeira edição em livro dos "apontamentos de viagem" de Henri Raffard publicados no *Diário do Comércio* do Rio de Janeiro em 1890, e no *Jornal da Tarde* de São Paulo em abril de 1891, e depois no tomo LV, parte II, da *Revista do Instituto Histórico e Geográfico Brasileiro*, em 1892. Raffard observa ainda: "Até 1880, o elemento germânico, que representava bem a trigésima parte da população paulistana, foi o principal fomentador das pequenas indústrias; porém depois os italianos, que se deixaram ficar na capital, eram geralmente industriais" (*op. cit.*, p. 26).

[3] As informações sobre atividades esportivas em São Paulo no fim do século XIX se devem a Vicente de Paula Araújo, cuja pesquisa sobre a vida urbana da capital enriquece seu excelente documentário *Salões, circos e cinemas de São Paulo*, São Paulo, Perspectiva, vol. 163 da série Debates, p. 14.

Ao mesmo tempo, como a exemplo dos países desenvolvidos, vivia-se a era das novidades industriais dirigidas ao lazer das massas urbanas também no campo das diversões mecânicas — com fonógrafos de Edison, lanternas mágicas, fotografias animadas (e, logo a partir de 1898, com o cinematógrafo de Lumière) e realejos (harmônios de quatro cilindros, cada um programado com oito músicas de gêneros europeus — *schottisches*, mazurcas, valsas e quadrilhas) — tudo o que se oferecia ao público eram imagens, formas e sons importados.

Na área dos espetáculos, o predomínio dos gêneros estrangeiros — tanto da reduzida elite local (com o público dos "ginásios dramáticos" aplaudindo estrelas internacionais como Sarah Bernhardt em 1886), quanto das camadas médias e populares (que acorriam aos palcos de teatro musicado, salões de cafés-concerto, picadeiros e pavilhões de circo) — ficava expresso nos próprios programas publicados na imprensa, como demonstrava o da inauguração do Teatro-Concerto Eldorado Paulista, em 18 de março de 1889:

> "Hoje estréia — A mais alta novidade da Paulicéia. Elenco: Mlle. Elisa de Warsy — chanteuse-lyrique./ Mlle. Juliette Meryan — diseuse./ Mlle. Marie Grang — chanteuse de genre./ Cecilie Serry e Amelia Waitz — bailarinas italianas./ Sras. Lola Martinez, Carmen Fernandez, Dolores Garcia, Juan Amores, barítono espanhol — e o cançonetista brasileiro Artur Brasil"[4].

Não seria preciso dizer que — e neste ponto tal como acontecia também no Rio de Janeiro e em outras capitais brasileiras

---

[4] Transcrição conforme o anúncio de jornal paulistano de 18 de março de 1899, em boa hora reproduzido por Vicente de Paula Araújo, *in Salões, circos e cinemas de São Paulo*, p. 35.

onde se inaugurava o hábito das diversões noturnas — o repertório do "cançonetista brasileiro" seria por certo o das canções no estilo do *vaudeville* francês, a que às vezes se acrescentava uma modinha ou um lundu de letra engraçada do repertório carioca, para garantir cor local.

Isto queria dizer que as recentes camadas médias e altas de São Paulo (que em breve começariam a ampliar, graças ao poder do dinheiro, o círculo limitado das elites tradicionais) iriam entrar no século XX muito mais abertas às novas influências renovadoras, também, da sociedade norte-americana, cuja imagem os filmes de Hollywood se encarregariam de divulgar.

Realmente, a influência resultante do impacto de tão variadas informações importadas sobre a formação do gosto da nascente classe média de São Paulo e, mesmo, das camadas populares (também elas agora muito heterogêneas) não poderia deixar de ser profunda. Segundo observava já em 1890, ao voltar à capital paulista após cinco anos de ausência, o citado comerciante suíço Henrique Raffard, o moderno influxo da cultura dos imigrantes sobre as camadas baixas da população paulistana — que então crescia aos saltos — revelava-se àquela época a olhos vistos, no melhor sentido de palavra. Era o que deixava implícito o observador ao definir como elevação do "nível intelectual" das maiorias o que, certamente, devia constituir a ostensiva substituição de características locais ligadas à antiga estrutura colonial pela imitação do estilo europeu:

> "Certo é que o elemento estrangeiro, e particularmente italiano, exerceu favorável influência sobre a classe baixa da população paulistana, cujo nível intelectual elevou-se, e certo é que algum efeito produziu também sobre a classe média e mesmo alta"[5].

---

[5] Henri Raffard, *op. cit.* p. 105.

Sobre a classe média, progressivamente acrescida de sobrenomes estrangeiros, mais do que *influência*, poder-se-ia falar em *formação*. E isso até com certeza, quando se tratava dos grupos recentemente a ela agregados em decorrência das novas atividades técnicas e de serviços gerados pela indústria manufatureira e pelo crescimento das funções públicas. Tal influência, aliás, se torna clara, no plano cultural, quando — ao se considerar obrigatória desde o início do século XX a existência de um piano na sala como indicador do *status* das famílias — se examina o repertório típico de uma jovem ou senhora representante das camadas médias para alta do primeiro decênio dos 1900.

Em verdade, constituía costume das mulheres das famílias emergentes do tempo (e não apenas paulistanas, mas de todos o demais grandes centros urbanos brasileiros) mandar encadernar as partituras de piano, que compunham o seu repertório pessoal. Ora, considerando-se que cada volume desses "álbuns de músicas" (encadernados com capas de couro ou de pano e geralmente exibindo, gravado em letras douradas, o nome ou iniciais da proprietária) valia por uma amostragem do gosto geral de sua classe, essas coleções podem ser apreciadas hoje como verdadeiros documentos. E, assim, como tais álbuns reuniam entre trinta e cinqüenta partituras, o que constituía o repertório comum de uma pessoa durante cinco anos ou mais, pode-se determinar sua representatividade, inclusive no tempo, o que amplia de muito o valor documental.

O exame de um desses álbuns de música para piano de anônima paulistana da primeira década do século XX — na capa de percalina vermelha figuram, apenas, impressas em letras douradas, as iniciais J. P. — revela, enquanto amostragem típica do gosto musical de época, informações muito significativas. Assim, das 29 partituras que compõem o volume, por exemplo, dezesseis são de trechos ou fantasias sobre motivos de óperas (quinze italianas, Puccini à frente, e uma francesa), seis são composições para piano classificáveis como "música de salão" (valsas, gavotas, fantasias, e um "morceau caracteristique") e, representando a música popular, três *cake-walks* norte-americanos ("Cake-Walk-Georgia

March", "Smoky-Mokes" e "Creole Belles"), e uma única composição brasileira: a polca "Querida por Todos", primeira composição impressa de José Antonio da Silva Callado (uma homenagem do autor em 1869 à compositora Chiquinha Gonzaga), e que chegava ao início do século XX incorporada simultaneamente ao repertório dos pianos e dos conjuntos de choro[6].

A inclusão da partitura do "Cake-Walk", editada na coleção "Flores do Baile" do Grande Estabelecimento de Pianos e Músicas de Arthur Napoleão & C., sob a indicação de "Grande Sucesso do Cassino Nacional e Polytheama de São Paulo", é providencial, não apenas por permitir datar o álbum da paulistana J. F. — que agora se pode dar como do primeiro lustro do século XX —, mas para documentar a própria estréia desse primeiro gênero de massa norte-americano no Brasil: o *cake-walk*. De fato, foi no Polytheama-Concerto de São Paulo que se deu, na noite de 3 de junho de 1903, o lançamento da nova dança americana, e sobre o sucesso da qual um jornalista paulistano escreveria: "Podemos dizer que pegou em São Paulo o *cake-walk*, senão nos salões, pelo menos no teatro. Ontem essa dança foi aplaudida com entusiasmo"[7].

---

[6] O "Álbum de Músicas" da paulistana J. F. faz parte da coleção de álbuns semelhantes de tocadores de piano do Rio de Janeiro e de São Paulo reunida pelo autor em seus mais de trinta anos de pesquisas e busca de documentos relativos à criação de música popular urbana no Brasil. A esse conjunto de amostragens juntam-se na coleção do autor cerca de 4 mil outras partituras avulsas de piano exclusivamente de gêneros brasileiros, impressas nos mais diferentes pontos do país e mais quase mil cadernos de música popular para pequena orquestra, inclusive de salas de espera da era do cinema mudo.

[7] Vicente de Paula Araújo, que se refere a essa estréia do *cake-walk* em seu livro *Salões, circos e cinemas de São Paulo*, *op. cit.*, observa à p. 96: "Quem lia jornal naquele tempo sabia muito bem que uma dança saída das senzalas de escravos americanos fazia furor nos salões aristocráticos dos Estados Unidos, Inglaterra e França. Chamava-se *cake-walk* e foi anunciada pela primeira vez em São Paulo para ser dançada no palco do Polythea-

Se, nos trinta anos entre o fim da Guerra do Paraguai e o final do século XIX, a cidade de São Paulo realmente assumira "aspecto geral mais europeu do que qualquer outra cidade do Brasil" como escreveu o suíço Raffard, a partir da primeira metade do século XX iria dividir essa influência com outra que atingia muito mais fundamente suas camadas médias: a da parafernália de artigos da nascente indústria norte-americana de produtos para o lazer urbano, que já em 1899 fazia surgir no nº 8 Rua do Rosário uma loja cujo nome dizia tudo: Casa das Novidades Americanas.

Na área da música popular, definitivamente transformada em produto comercial, depois que se acrescentou ao negócio das partituras — muitas vezes vendidas de porta em porta — o das novidades industriais para reprodução do som, essa passagem do modelo europeu para o norte-americano se acelerou. É que, agora, além do cinema, dos números musicais de companhias de teatro e circo estrangeiras (como o Oklahoma Ranch Wild West, armado na Várzea do Carmo, próximo do Gasômetro, em 1914), estava aparecendo no mercado, a cada ano, a sucessão dos novos aparelhos para ouvir música como os fonógrafos, gramofones e as vitrolas ortofônicas (com a corneta embutida, dispensando as antigas bocas em funil), e que a gente da classe média para cima podia comprar no modelo portátil, ou em forma de móveis, com escaninhos para os discos. Realmente, conforme comprovam os lançamentos das casas editoras de músicas de São Paulo (apenas três, desde 1863 ao início do século seguinte, nada menos de doze surgidas entre 1910 e 1928), o aparecimento do *cake-walk* em

---

ma-Concerto, por duas *troupes* Bradford e Cherton. Foi na noite de 2 de junho. Muita gente entrou no café-concerto para ver aquela 'planta exótica' prestes a se acomodar nas nossas 'estufas coreográficas'". No mesmo ano de 1904, aliás, o próprio cinema nascente ajudava a reciclar o interesse pelo gênero recém-lançado, com o Teatro Lírico anunciando um "Cake-Walk Infernal": "fotografia animada, a ilusão completa por meio do Fonógrafo combinado com o Cinematógrafo".

1903/1904 estava destinado a inaugurar uma fase de importação de novidades da música comercial americana para dançar, que se estenderia com seus *one-steps*, *two-steps*, *ragtimes* e *black-bottoms* até o fim da Primeira Guerra Mundial.

O período da guerra, aliás, interrompendo por alguns anos o fluxo normal das relações comerciais com a Europa — o que equivalia, por outro lado, a acelerar a mudança do eixo econômico na direção dos Estados Unidos[8] — levava no entanto, no plano do desenvolvimento local, a uma inesperada reciclagem. Como era necessário continuar a manter funcionando o mercado doméstico, apenas entre 1915 e 1919 fundaram-se no estado 1.867 fábricas com pequenos capitais, particulares, ou propiciados por lucros excedentes do café, através de empréstimos bancários a juros baixos. E como paralelamente a isso diminuíam os índices da corrente imigratória estrangeira[9], a mão-de-obra necessária ao novo surto de desenvolvimento (em 1922, no então reduto industrial do Brás, foram construídos 1.795 prédios térreos e 900 sobrados, e em 1923, em salto ainda maior, 2.834 térreos e 1.408 sobrados) seria fornecida por trabalhadores migrados de zonas rurais decadentes do próprio estado e de vastas áreas de Minas Gerais em situação semelhante.

---

[8] "Em 1915, pela primeira vez, os Estados Unidos tomaram a liderança de todo o Comércio Exterior brasileiro, tanto das exportações como das importações, e conseguiram mantê-la, embora a Inglaterra ainda tentasse reagir, em 1922 e 1923" (Moniz Bandeira, *Presença dos Estados Unidos no Brasil: dois séculos de história*, Rio de Janeiro, 1978, 2ª edição, p. 191).

[9] Segundo números alinhados por P. Pereira dos Reis em "Algumas considerações sobre a imigração no Brasil" (separata da revista *Sociologia*, vol. XXIII, nº 9, março de 1961, p. 78), as entradas de imigrantes estrangeiros no Brasil baixaram para 14.017 (1914), 3.604 (1915), 1.524 (1916), 426 (1917), 361 (1918), voltando a crescer em 1919 (5.588) e 1920 (1.917). Essa volta da corrente imigratória a partir da Primeira Guerra Mundial (98.875 de 1921 a 1930) não se aproximaria dos números do decênio anterior — 1911-1920 —, quando entraram 121.668 imigrantes estrangeiros no Brasil.

Foi esse fato que, no plano cultural, estava destinado a marcar a década de 1920 com uma curiosa dualidade: os grupos mais altos da classe média (identificados neste ponto com a elite das famílias tradicionais) continuavam a dividir-se entre as influências européias, via Paris, e a mais recente, norte-americana (geradora de mudanças de comportamento e fascínio pelos bens de consumo), mas as camadas mais baixas — sem a possibilidade de ascensão dos imigrantes, e agora engrossadas pelas novas levas de gente de áreas rurais — começavam a admitir suas origens, através da curiosidade e prestígio a tudo o que refletisse a idéia de "sertanejo".

Essa dualidade iria se revelar ostensivamente no final da Primeira Guerra Mundial, através de dois acontecimentos, normalmente não relacionados, mas nem por isso menos cheios de significação na perspectiva cultural do tempo: em 1918 era lançada no livro *Urupês*, de Monteiro Lobato, a figura do Jeca Tatu (destinada ao debate nacional e à popularização definitiva com a distribuição, pelo Laboratório Fontoura, no ano seguinte, do folheto de propaganda do Jecatatuzinho "Jeca Tatu, a ressurreição") — o que antecipava a onda do "sertanejismo" no teatro musicado e no disco — e, em 1919, estreava na cidade o grupo Harry Kosarin Jazz Band, que inaugurava a era do estilo americano à base de bateria com caixas, bumbo de pedal e pratos, destinado a impor-se ao gosto da média até a década de 1930.

A onda das "canções sertanejas" no estilo do criador de toadas e tanguinhos Marcelo Tupinambá (Fernando Lobo, Tietê, SP, 1892-São Paulo, 1953) já andava em curso como resposta paulistana ao caboclismo poético-musical inaugurado nos primeiros anos do século XX no Rio pelo maranhense Catulo da Paixão Cearense, inscrevendo-se ambos, aliás, no que em literatura era o sertanismo, lançado em 1898 com o livro *Pelo sertão*, do mineiro Afonso Arinos (antecipado, aliás, pelos contos sobre caboclos e caiçaras de Valdomiro Oliveira, publicados anos antes em jornais paulistas). A partir do fim da Primeira Guerra, porém, era a figura real do caipira explorado e doente trazida a debate por

Monteiro Lobato que se projetava por trás das novas canções sertanejas de inspiração local, e que chegava também ao teatro popular na caracterização do "matuto paulista" do ator Sebastião Arruda[10]. Isso até que, por iniciativa do polivalente humorista, contista e poeta (*Musa caipira*, 1910) Cornélio Pires (Tietê, SP, 1884-São Paulo, 1958), viessem de sua região em 1929 para gravar nos estúdios Columbia de São Paulo os primeiros caipiras de verdade, cultores de canas-verdes, cururus, toadas, cateretês e modas-de-viola[11].

---

[10] Essa identificação do antigo caboclo sertanejo com a figura real do caipira opilado pode ser documentada através da capa da partitura de piano da polca "Jeca Tatu", dedicada ainda em 1918 pelo autor, B. Quadros, "ao ilustre escritor paulista Monteiro Lobato". O desenho ingênuo-popular mostrava um caipira de cócoras, com seu pito de barro fumegando, a oferecer um galhinho de folhas verdes a um tatu. Edição da Casa Vieira Machado & Cia., da Rua do Ouvidor, 179, Rio de Janeiro.

[11] Essa trajetória do estereótipo do caipira para o consumo das camadas urbanas paulistas, levadas a consentir no retorno cultural às suas origens com a desculpa do "exótico", foi resumida pelo autor deste trabalho no capítulo "A música sertaneja" da 6ª edição de seu livro *Pequena história da música popular: da modinha à lambada* (São Paulo, Art Editora, 1991): "Assim foi que, tão logo Sebastião Arruda entrou a garantir bilheteria para sua pequena companhia de teatro com a caracterização do 'matuto paulista', começaram a surgir no teatro de variedades paulistano os seus epígonos: em 1917 a atriz Alda Garrido e seu marido, o empresário-ator Américo Garrido, formam a dupla Os Garridos; em 1918 surgem Os Danilos (par de atores-cantores com repertório também à base de canções 'sertanejas' de Marcelo Tupinambá); em 1919, enquanto o ventríloquo Batista Júnior cria tipos caipiras, surge o Trio Viterbo, composto pela cantora Abigail Gonçalves, pelo violonista Américo Jacomino, o Canhoto, e pelo ator Viterbo de Azevedo (que adota o nome de Jeca Tatu); em 1920 aparece o ator Pinto Filho para rivalizar com Arruda (inclusive no Rio); em 1925 ou 1926 surge o casal Os Carolinos; em 1932 é a vez de Genésio Arruda e, finalmente, em 1935 — quando a música caipira já se tornara independente do teatro, graças ao disco e ao rádio — aparece no cinema e nos palcos de cassinos a dupla Alvarenga e Ranchinho" (José Ramos Tinhorão, *op. cit.*, pp. 186-7).

Como reflexo direto dessa dualidade — baixa classe média e camadas populares freqüentadoras do teatro musicado e circos, atraídas pela graça dos matutos e, logo, pela música caipira; camadas médias e altas conciliando o gosto pela música americana com as peças de salão e valsas européias com tanguinhos algo sofisticados de Tupinambá — o próprio repertório de piano das senhoras e senhoritas paulistanas iria mudar. Agora, na quarta capa das partituras, em lugar do anúncio dos antigos *cake-walks* e *ragtimes*, os editores publicavam — às vezes aproveitando fotos de artistas de Hollywood para ilustrar a capa — listas de lançamentos em que figurava o novo repertório dos *jazz-bands* especializados em foxtrotes, marchas, *one-steps* e *shimmies*, e em que se americanizam democraticamente tangos argentinos, valsas européias e os maxixes e sambas que tinham vindo disputar o gosto geral com os tanguinhos tradicionais.

Essa cosmopolita cidade de São Paulo, que assim dividida chegava à década de 1930, assistiria contudo, durante os anos do governo de Getúlio Vargas, à acentuação, entre as camadas populares, daquela marcada tendência à aceitação de produtos culturais regionais iniciada com o sertanejismo posterior à Primeira Guerra. É que agora a cidade — refletindo o salto de sua população de 580 mil habitantes em 1920 para 1.060.000 em 1934 — contava já, da classe média para baixo, com um público bastante diferenciado e com poder de compra suficiente para justificar a produção e o comércio de bens culturais dirigidos ao seu gosto. Isso ficaria evidenciado não apenas pela confirmação da tendência ao regionalismo também no teatro popular com o caipira de Sebastião Arruda, contemporâneo do Jeca Tatu literário de Monteiro Lobato, mas pela sua imediata reprodução no cinema paulista desde *O Curandeiro*, com o ator Arruda, de 1918 (baseado no "causo" de Cornélio Pires, em "Quem conta um conto"), *A Caipirinha*, de 1919, até *Acabaram os Otários*, de Luís de Barros, de 1929 (agora com Genésio Arruda, e mais Tom Bill e Paraguaçu), e *Casa de Caboclo*, de 1931, baseado no tema da canção de sucesso nacional de Hekel Tavares e Luís Peixoto daquele mesmo nome.

Essa tendência à formação de um mercado interno para as diferentes produções culturais inauguradoras da indústria cultural de massa, já com caráter nacional, iria se revelar com maior evidência na criação, entre 1927 e 1930 — ao iniciar-se a era das gravações elétricas —, de nada menos do que quatro fábricas de discos de capital local na cidade de São Paulo: a Brasilphone, em 1927, a Imperador e Ouvidor, em 1928, e a Arte-Fone (absorvida pela Ouvidor em 1931), em 1930. E isso sem contar a atividade de concessionárias como a da Columbia norte-americana de fins de 1928 (via empresário Alberto Byington, tão ligado à oligarquia local e a interesses americanos, que chegou a intermediar, através de seu escritório em Nova York, a compra de armas para a Revolução de 1932[12]), ou ainda de sucursais como a da Parlophon, ligada à Odeon "brasileira" com sede no Rio de Janeiro.

Seria, pois, na produção desses fabricantes de música brasileira e importadores de gêneros estrangeiros que se revelaria, a partir de 1950, já agora não apenas o cosmopolitismo da sociedade de São Paulo como um todo, mas a curiosa adesão de suas camadas populares a todas as sugestões de caráter nacional: a dos caipiras de Cornélio Pires à música das duplas "sertanejas", que surgiam na capital ligadas aos estúdios de gravadoras (e logo de emissoras de rádio), e ainda à música de outras regiões do país, desde os sambas e marchas carnavalescas cariocas, até as emboladas nordestinas (quando não até maracatus recifenses fabricados em São Paulo mesmo pelo esperto filho de espanhóis Raul Torres).

De fato, as duas gerações que sucederam às primeiras ondas de imigração estrangeira das décadas de 1870 e 1880 viam integrar-se às camadas populares grande parte dos filhos daqueles 774.218 europeus que, em 1920, já povoavam o estado de São

---

[12] Esta significativa ligação da firma Byington & Cia., de Alberto Byington Jr., o Bud, com os norte-americanos, pode ser acompanhada no capítulo XXX do livro citado de Moniz Bandeira, *Presença dos Estados Unidos no Brasil: dois séculos de história.*

Paulo com 398.797 italianos, 171.289 espanhóis e 107.198 portugueses, para só falar das etnias que iriam influir mais diretamente na trajetória cultural do povo da cidade[13].

Esses filhos de estrangeiros — principalmente de italianos e espanhóis —, desidentificando-se com as minorias de famílias da mesma origem guindadas pelo sucesso comercial ou industrial às camadas mais elevadas — acabavam por integrar-se à recente massa do povo da cidade, tal como eles também sem história própria local, por terem começado a formar-se havia nem bem meio século, após a abolição da escravidão, que, afinal, viera estabelecer o regime de trabalho livre para todos.

Assim, tendo que conviver nos bairros pobres com a gente também heterogênea que os habitava (descendentes de ex-escravos locais ou oriundos da área rural, mineiros refluídos do Vale do Paraíba e, depois, os nordestinos que começaram a chegar), esses novos paulistanos filhos de imigrantes nada tinham a opor às novidades culturais difundidas pelos modernos meios de comunicação, como era o caso das músicas cariocas, nordestinas ou da área da viola caipira, divulgadas pelos discos e, logo, a partir de inícios da década de 1930, também pelos alto-falantes dos modernos rádios de válvulas elétricas. Ao contrário, integraram-se ao sistema que começava a ser implantado pelos interesses comerciais e industriais produtores de bens culturais com muito mais facilidade que os representantes dos grupos locais, pois se nada os prendia a possíveis ecos de tradições regionais, conviviam em família com outras informações que tendiam a diversificar-lhes o gosto. E realmente, como o futuro iria demonstrar, não seriam raros os exemplos de artistas populares saídos dessas famílias de imigrantes para a fama em suas especialidades regionais e nacionais. Entre os filhos da primeira onda de imi-

---

[13] Os dados estatísticos sobre a entrada de estrangeiros em São Paulo são reproduzidos conforme P. Pereira dos Reis, *in Algumas considerações sobre a imigração no Brasil*, *op. cit.*, p. 82.

gração italiana ainda no século XIX — para ficar na área da música popular — estaria o cantor e compositor de modinhas e canções brasileiras Paraguaçu, nascido Roque Ricciardi (São Paulo, 1894-idem, 1976), inicialmente conhecido como Italianinho do Brás; e na segunda geração, exemplos seriam o filho de espanhóis Raul Torres (Raul Montes Torres, Botucatu, SP, 1906-São Paulo, 1970) — que começara cantando emboladas em 1927, antes de tornar-se "caipira" de Cornélio Pires em 1929 — e outro filho de italianos, João Rubinato (Valinhos, SP, 1910-São Paulo, 1982). Este, o humorista de rádio, ator, cantor e compositor que, sob o nome de Adoniran Barbosa, iria conferir o sotaque das camadas negro-italianas dos cortiços e malocas paulistanas ao samba-canção batucado da era da produção comercial para o disco e para o rádio com tal originalidade, que garantiria um lugar até no carnaval carioca, em 1965, com seu "Trem das Onze", de clima tão regional e paulistano[14]. E esses exemplos apenas no campo da música nacional, porque no cinema ninguém resumiria melhor a adoção dos padrões de cultura local por parte dos filhos de imigrantes peninsulares do que Amácio Mazzaropi (São Paulo, 1915-idem, 1981), ao retomar a figura do caipira real de Monteiro Lobato, praticamente esquecida no cinema brasileiro após Sebastião Arruda e Genésio Arruda desde a década de 1930, para uma série de filmes reabilitadores de um Jeca simplório, mas certamente nada bobo, de inícios da década de 1950 até sua morte no limiar de 1980[15].

---

[14] Em verdade, o imprevisto sucesso do paulistaníssimo "Trem das Onze", de 1965, no carnaval carioca, à época tão cioso de sua produção local, não foi o primeiro exemplo de composição paulista no carnaval do Rio de Janeiro. Em 1955, outro filho de imigrantes igualmente ligado à produção de música popular com sotaque de São Paulo, o citado filho de espanhóis Raul Torres, já fizera os cariocas dançarem com a batucada "A Cuíca Tá Roncando".

[15] O último filme produzido e parcialmente dirigido por Mazzaropi (já abatido pela doença de que morreria em 1981) foi *O Jeca e a Água Mi-*

Essa abertura de gosto das camadas populares e de parte da própria classe média paulistana (desde a Segunda Guerra Mundial composta, tal como nos centros urbanos modernos, de três estratos, alto, médio e baixo — as "classes" A, B e C das pesquisas de mercado) iria originar, durante as décadas de 1930 e 40, em São Paulo, um dos momentos mais ricos do ponto de vista da cultura de massas urbanas. Com a ascensão do rádio como principal veículo de comunicação e lazer, após a chamada Revolução de 1932, houve realmente lugar para todos, e o painel sonoro a cargo de cantores, orquestras e conjuntos em apresentações ao vivo, ou em retransmissão das músicas de discos, era o mais amplo possível. Ultrapassado, porém, em poucos anos, o período de pioneirismo do rádio, tão logo as emissoras começaram a estruturar suas programações não mais segundo a variedade do gosto de seus ouvintes, mas atendendo à intenção da conquista do público-alvo dos patrocinadores e anunciantes, a música internacional mais do agrado das camadas média e alta, que detinham maior poder de compra, voltou a preponderar. Em meados de 1941, e sem dúvida indicando um claro reflexo da Política da Boa Vizinhança inaugurada nos Estados Unidos pelo presidente Franklin Roosevelt, a "invasão" de ritmos latino-americanos veio ampliar o espaço já ocupado no rádio de São Paulo pela música norte-americana de forma tão ostensiva, que o locutor e produtor Otávio Gabus Mendes anotaria no *Jornal da Manhã* de 23 de maio de 1941:

> "Continua a invasão mexicana. O complexo de cacto prossegue. Antes eram os *swings* do Gaó (maestro), agora as estações se bandearam de armas e bagagens para os *sombreros* e melodias dolentes. Anuncia-se a estréia de Elvira Rios (realmente uma notável can-

---

lagrosa, em 1980, o que demonstra sua fidelidade ao tipo que garantia sucesso pessoal e a seus filmes, indicando por essa sobrevivência mesma do estereótipo do caipira a atualidade que justificava sua exploração.

tora). E, enquanto isso, o Brasil continua esquecido pela maior parte de nossas estações, uma no tango, outra na rumba, outra na conga, outra no *swing*, e assim por diante. Resta ao Brasil muito pouco. A orquestra do maestro Totó toca vários números americanos. A defesa dos maestros é sempre a mesma: 'Nós precisamos ainda dos bailes e nos bailes só gostam de *swing* e conga'".

E após clara indicação de que os programas de rádio e repertórios de orquestras começavam a obedecer apenas ao gosto do público da classe média para cima (as orquestras dos maestros do rádio não tocavam em bailes de pobre), o cronista-radialista acrescentava:

> "Se essas orquestras se dedicassem mais à música brasileira teriam grande sucesso. E, além disso, o que o rádio tem com os bailes? E até nos programas de calouro há problemas. Um rapaz cantou bem a canção 'Meu Romance'. Em seguida o gritador Valenzi apareceu com um trecho de ópera. A ópera venceu a canção brasileira. A música brasileira é a canção suave, a valsa bonita, o samba eloqüente, o maracatu, o frevo eletrizante que fala a nossa língua. E sempre perde para o estrangeiro que berra numa língua estranha porque nós, até musicalmente, queremos ser o povo mais hospitaleiro do mundo"[16].

Ao informar que "nós, até musicalmente, queremos ser o povo mais hospitaleiro do mundo" — talvez pensando nos brasileiros em geral — Otávio Gabus Mendes resumia na verdade a tradicional facilidade com que os paulistanos, graças a sua recente

---

[16] *Apud* Edith Gabus Mendes *in* Otávio Gabus Mendes, *Do rádio à televisão*, São Paulo, Lua Nova, 1988, pp. 61-2.

formação marcada pelo cosmopolitismo resultante da variedade étnica, aceitavam as sugestões culturais chegadas de fora com o signo da modernidade. E, certamente, seria esse traço histórico característico da sociedade paulistana que, pela virada da década de 1950, e parte da seguinte, levaria as camadas médias e altas de São Paulo a consagrar o mais refinado produto musical montado no Brasil a partir de uma matriz de música americana: a bossa nova.

O sucesso da bossa nova entre as "classes" A e B da capital paulista desde o surgimento, em 1958, entre a gente das mesmas camadas no Rio de Janeiro, daquela nova proposta de música popular elitizada, com base no *jazz* (no caso o *cool-jazz* da moda, intimista e intelectualizado), explica-se pela própria história desses estratos sociais. Europeizada, a exemplo da elite local tradicional nos primeiros anos do século XX, como se viu, à maneira que o processo de industrialização valorizou, pela oferta cada vez mais acelerada de novos bens de consumo, o conceito de modernidade como ideal a conquistar, a classe média paulistana passou a contemplar-se no modelo norte-americano veiculado pelos anúncios das revistas, pelo cinema e pela música dos discos. E essa ligação entre as "melhores camadas" da cidade e as novidades da tecnologia no campo da cultura de massa podia ser documentada, desde logo, em 1924, por um ilustrativo pormenor encontrado na própria fase inaugural do rádio em São Paulo. Iniciativa de moços de "boa sociedade" reunidos em clubes — tal como acontecia, aliás, no resto do país —, logo após o início das suas transmissões a Rádio Clube de São Paulo incluía na programação apenas os dois tipos de música que sabia do agrado dos seus associados: a de ópera dedicada ao "bom gosto" da elite, e a de *jazz* destinada a atender a preferência da ainda reduzida classe média local. E era o que o jornal *O Estado de S. Paulo* ratificava ao noticiar:

> "Foi ouvido com muita nitidez o concerto de 'jazz-band' República e a seguir a ópera *Mefistófeles* canta-

da no Teatro Municipal e transmitida pela Rádio Educadora Paulista"[17].

Acontece que, com o fato novo da chegada, pouco após a Revolução de 1932, das ondas de migrantes nordestino atraídos pelo surto algodoeiro ativado pela indústria têxtil de São Paulo, e cujo apogeu se daria entre 1935 e 1940, a classe média paulistana, já perfeitamente integrada através de casamentos com os descendentes de imigrantes mais bem-sucedidos, fazia de sua preferência pelas músicas de "bom gosto" não apenas mais uma alternativa cultural, mas uma marca de classe. É que os nordestinos — os quais os fabricantes de música urbana carioca não tardariam a bombardear com baiões e xaxados para a alegria dos forrós —, não encontrando espaço nem mesmo entre as camadas populares da cidade, herdeiras da comunhão social de negros e descendentes pobres de imigrantes, tenderam a organizar-se em guetos culturais.

Em meio às lajes de prédios em construção (enquanto durou a corrida imobiliária em que serviam como peões mal pagos), em seus quartos de cortiços da cidade (às vezes porões, abaixo do piso da rua, com janelinhas de grades de ferro abrindo para as calçadas), em suas malocas de beira de rio ou de loteamentos clandestinos de periferia, baianos, pernambucanos, paraibanos e cearenses respondiam às dificuldades da integração social com a resistência cultural do cultivo de seus sons regionais à base de sanfona, triângulo e zabumba. E, em breve, contariam inclusive com pontos de sociabilidade própria, como o Largo da Concórdia, no Brás (onde havia até serviço de escrevedores de carta para os analfabetos)[18].

---

[17] *Apud* Pedro Tota em citação de notícia publicada na edição de 8/11/1924 do jornal *O Estado de S. Paulo* no seu livro *A locomotiva no ar: rádio e modernidade em São Paulo (1924-1934)*, São Paulo, PW-Secretaria de Estado da Cultura, 1990, p. 27.

[18] Este serviço urbano de escreventes à disposição de analfabetos,

Tais levas de trabalhadores de origem nordestina, que a partir de 1950 chegariam ao estado de São Paulo em ondas crescentes — 100.123 em 1950, 208.215 em 1951 e 252.806 em 1952[19] —, vinham inegavelmente desorganizar na capital o quadro tradicional das relações entre as camadas baixas formadas por negros, mestiços e filhos de italianos, espanhóis e portugueses pobres e as "famílias" da cidade. E, é claro, com evidente irritação e desagrado destas, que viam agora o "seu" bom povo — antes ordeiro, respeitoso e serviçal — deixar-se muitas vezes contaminar pela vulgaridade, chulice e mesmo um certo atrevimento surdo daqueles "baianos", assim interpretados por essa sua característica de apego a seus traços culturais próprios como "falsos" e "perigosos".

Essa perda de identificação das camadas do povo de sua cidade, no momento em que tais grupos mais altos da classe média começavam a contar com as novidades dos clubes *privés*, *night-clubs* e *boites* de estilo europeu e norte-americano, levou seus componentes a uma posição de isolamento, que o uso crescente dos automóveis como transporte individual e a distribuição descen-

---

mediante pagamentos módicos para cartas familiares ou quaisquer outros escritos — tornado comum não apenas em São Paulo, mas também no Rio de Janeiro, após a Segunda Guerra Mundial —, tem antecedentes no século XVI em Lisboa. Segundo pesquisa do autor, já no Quinhentos o humorista português Damião de Góis vira "muitos homens, sentados diante de mesas, aos quais se pode dar o nome de amanuenses, embora não tenham cargo oficial. Ganham a vida desde modo: ouvindo aos que a eles acodem e lhes expõem suas intenções, escrevem folhas de papel que entregam aos requerentes, recebendo a paga conforme o assunto, a modo que sempre estão a postos para redigir cartas, mensagens amorosas, elogios, discursos, epitáfios, versos, louvores, orações fúnebres, petições, notas e cousas deste jaez. Nunca vi fazer coisa semelhante em outras capitais" (*Lisboa dos Quinhentos: descrição de Lisboa*, texto latino de Damião de Góis, tradução de Raul Machado, Lisboa, Livraria Avelar Machado, 1937, pp. 48-9).

19 Dados fornecidos por P. Pereira Reis em seu trabalho *Algumas considerações sobre a imigração no Brasil*, *op. cit.*, p. 80.

tralizada dos bairros elegantes — Jardins, Ibirapuera, City Pinheiros, Morumbi etc. — tornava mais efetivo do que nunca.

Assim, tendo cortado a ligação com um povo que não reconhecia mais como "sua gente", os grupos mais elitizados da classe média paulistana passaram a viver depois da Segunda Guerra Mundial uma contradição cultural que os incomodava. É que a música popular produzida para o disco que eram obrigados a ouvir nos locais elegantes por eles freqüentados — criações de compositores do Rio para seus cantores de rádio — continuava a falar em suas letras da mesma realidade de que não mais desejavam participar. E, o que era pior, geralmente revestida do ritmo batucado que lhes lembrava os negros e nordestinos (responsáveis pela "mistura" social que abominavam), ou do abolerado da música comercial, banal demais para o refinamento do seu gosto de apreciadores da "boa música americana". O aparecimento da bossa nova em 1958, no Rio de Janeiro, portanto, com suas harmonias jazzísticas, a delicadeza de seu canto sussurrado e sua batida de acompanhamento baseado no requintado jogo de acordes do violão de João Gilberto, vinha salvadoramente retirar a classe média paulistana exigente de sua situação de impasse e contradição.

Essa coincidência cultural do aparecimento da bossa nova carioca com a necessidade de sofisticação das altas camadas de São Paulo é que iria explicar, afinal, por que tal montagem brasileira de um estilo musical baseado em matrizes da música *cool* norte americana, não tendo passado no Rio de Janeiro de um movimento fechado — primeiro em apartamentos de Copacabana, depois em auditórios de faculdades e escurinhos de boites —, ganhasse em São Paulo, a partir de 1964, repercussão capaz de justificar uma série de espetáculos públicos no Teatro Paramount, e ainda a criação de um programa de televisão, *O Fino da Bossa*. Programa este, aliás, cujo sucesso se deveria ao fato de sua apresentadora, a cantora Elis Regina, conduzir-se no palco do Teatro Record como os antigo animadores de auditórios dos tempos do rádio, trocando apenas o que preconceituosamente se chamava de "macacas de auditório" por um público de igualmente excitados mocinhas e rapazes pré-universitários.

Esse fenômeno da institucionalização do novo estilo elitista musical da bossa nova dos grupos de jovens das "boas famílias" da Zona Sul do Rio de Janeiro — onde o movimento foi sempre restrito, limitando-se a atividade de seus artistas à área dos estúdios de gravação e pequenos shows — iria se repetir em São Paulo no mesmo ano de 1965 com o lançamento nacional de outro movimento musical que traduzia, de forma ainda mais direta, uma atitude de alienação consentida: a chamada Jovem Guarda e seu iê-iê-iê diluído do rock americano, via adaptação baladística inglesa pelo grupo dos Beatles.

De fato, o divórcio definitivo dos grupos de classe média paulistana do povo, que não mais reconheciam como aquele de "antigamente", teve como resultado a extensão, na década de 1950, desse seu isolamento aos filhos da primeira geração do pós-guerra. Assim, quando em 1956, após o sucesso no ano anterior do filme *Sementes de Violência* e seu "Rock Around the Clock", o cinema Paulista, da Rua Augusta (freqüentado pelos grupos superiores da classe média dos Jardins), e o cinema Ipiranga, no Centro (público heterogêneo, que incluía os jovens dos bairros de classe média em geral), exibiram o primeiro filme musical de *rock* — *Ao Balanço das Horas*, com Bill Halley —, um jornal da cidade poderia noticiar, no dia seguinte:

> "A fita ontem exibida era aguardada ansiosamente por certo tipo de moças, cuja idade varia entre 14 e 18 anos (*teenagers* nos Estados Unidos). Não é ainda a adolescência; pelo menos para os garotos é ainda a puberdade. Os meninos vestem *blue jeans*, calça zuarte desbotada com bainhas dobradas, que entre nós são usadas como índice de grã-finismo e, no lugar de origem, utilizadas para ordenha de vacas ou limpeza de chiqueiros. Também vestem blusas de camurça e uma camiseta de *jersey*; amarram o estojo de *rayban* na cin-

tura, usam cabelos sobre as orelhas, descendo pela nuca e fofos no topete: fumam, lêem gibis e imitam Marlon Brando ao enrolar os suéteres ao redor do pescoço. Estão matriculados em colégios caros"[20].

Não é necessário mais do que esta descrição jornalística — tão oportunamente rematada pela indicação de classe na observação final sobre os "colégios caros" — para admitir que tais jovens americanizados entre 14 e 18 anos viessem, seis anos depois, a formar no Teatro Paramount o público ante o qual a Faculdade de Filosofia da USP lançava, oficialmente, em 24 de agosto de 1964, a bossa nova em São Paulo, através do show *Samba Novo*, da mesma forma como não haveria de estranhar também que os irmãos mais novos desses jovens à época do lançamento do rock, em 1956, formassem por sua vez o público de mocinhos o mocinhas que, a partir de setembro de 1965, consagraria outro grupo de artistas importado do Rio de Janeiro — Roberto Carlos, Wanderléia e Erasmo Carlos à frente —, inaugurador da bem-sucedida aventura comercial do lançamento do produto da indústria cultural do lazer chamado Jovem Guarda e seu ritmo de iê-iê-iê.

A essa altura, com a mobilização da classe média de todo o país em apoio à contra-revolução representada pelo golpe militar de 31 de março de 1964 e sua interrupção dos avanços democráticos do governo João Goulart — tudo em nome do perigo do comunismo —, todos os movimentos culturais capazes de contrabalançar a influência ideológica das minorias de esquerda (inclusive a dos bossanovistas convertidos ao nacionalismo musical proposto pelo Centro Popular de Cultura, o CPC da UNE) foram vistos com simpatia pelas elites de todo o país e pelo poder fardado. Ora, como tanto a bossa nova dos jovens universitários

[20] *Apud* Alberto Pavão, conforme transcrição da notícia de jornal não-especificado em seu livro *Rock brasileiro, 1955-65: trajetória, personagens e discografia*, São Paulo, Edicon, s.d., p. 15.

quanto o iê-iê-iê dos meninos que chegavam ao ginásio e ao colégio constituíam, no fundo, uma tranqüilizadora reelaboração local de linguagens musicais e conceituais importadas dos Estados Unidos, a classe média iria prestigiar os dois movimentos. Em breve, a falta de unanimidade de visão política ante os fatos desencadeados pelo golpe militar revelou a existência de uma divisão entre essas camadas, embora ainda fiéis ao seu cosmopolitismo (o que se reprovava não era a alienação da linguagem musical importada, mas o sentido das letras): nos festivais de música popular criados pela TV Record a partir de 1966, uma parte aplaudia a tendência nacionalista de Geraldo Vandré, Chico Buarque de Holanda e Edu Lobo, outra as invenções continuadoras da linha estetizante inicial da bossa nova, representada pelos baianos Caetano Veloso e Gilberto Gil.

A divisão, porém, durou apenas um momento: em 1968, quando o grupo dos arrivistas baianos vindos para "fazer o sul" aliou-se a poetas e músicos da elite cultural paulistana (como os irmãos poetas Haroldo e Augusto de Campos, Décio Pignatari e o maestro Rogério Duprat) criando o Tropicalismo, a partir das guitarras elétricas de Roberto Carlos e da "retomada da linha evolutiva da música brasileira na medida em que João Gilberto fez", tudo se conciliou.

Em verdade, com a rápida intervenção repressiva do poder militar interrompendo duplamente, naquele mesmo ano de 1968, as experiências mais provocativas do Tropicalismo e a pregação da bossa nova nacionalista, a sociedade paulistana pôde reencontrar, afinal, a unidade da sua visão cosmopolita da cultura, entregando-se, a partir da década de 1970, ao unânime cultivo do som das guitarras elétricas do rock. Opção de toda uma nova sociedade, que, no século XXI, ampliada em seus quadros mais altos pelos novos-ricos do campo, poderia exorcizar, de uma vez por todas, seus velhos símbolos de pobreza original, através da transformação de sua música sertaneja em *country* e do caipira Jeca Tatu em texano da terra de Marlboro.

2.
CIRCO BRASILEIRO, LOCAL DO UNIVERSAL

Primeiro veículo de diversão de massa do mundo moderno — e neste sentido antecipando em mais de um século o fenômeno da música popular internacional da era tecnológica —, o circo ambulante constituiu desde o seu surgimento na Inglaterra e na França, na segunda metade do século XVIII, a mais surpreendente *summa* de todas as artes dirigidas ao gosto popular desde a Antiguidade.

Herdeiro da velha tradição eqüestre do hipódromo grego, a que os romanos acrescentariam no primeiro século do cristianismo as lutas entre homens e feras no recém-construído Coliseu (para alegria de um povo que, segundo sátira de Juvenal, "duas tantum res anxious optat: panem et circenses"*), o circo viria realmente a reunir, primeiro em redondéis a céu aberto, depois ao abrigo de suas lonas, todos os jogos de habilidades acrobáticas e histriônicas surgidas pelas ruas e feiras ao longo Idade Média.

Assim, heterogêneo pelo conteúdo — à nobre arte eqüestre inicial, responsável pelo nome "circo de cavalinhos", logo se juntariam as habilidades plebéias do malabarismo, do contorcionismo, do trapezismo, da prestidigitação, do ilusionismo, da momice e do truanismo —, o circo iria se tornar universal não apenas pela forma sempre igual do picadeiro sob cobertura desmontável, mas pelo caráter internacionalizante da sua vocação andarilha.

---

* [o povo aviltado] "... só duas coisas deseja com ansiedade: pão e circo" (Juvenal, *Sátiras*, X, verso 75 e seguintes).

Como se não bastasse essa antecipação do que viria a constituir, no futuro, a variada indústria do lazer, esse microcosmo artístico internacional do circo iria produzir ainda uma figura destinada a emprestar sua universalidade à criação — através da adaptação do modelo importado a características regionais, por todo o mundo — de um dos mais curiosos exemplos culturais de diluição do geral no particular. Essa figura seria a do *clown* de rosto pintado de branco no estilo da *Commedia dell'Arte*, que, inicialmente especialista em saltos sobre o dorso de cavalos a galope, acabaria por transformar-se, pelo casamento com a graça chula herdada dos mimos medievais, no palhaço-ator tão conhecido no Brasil pelas alegres "entradas" à base da caricatura de situações da vida real.

Na América do Sul, onde a novidade do circo moderno só apareceu já bem entrado o século XIX, com a chegada das primeiras excursões de *troupes* vindas da Europa e dos Estados Unidos, essa apropriação da fórmula internacional, para criações regionais, aconteceu na década de 1840 na Argentina através da introdução, nos espetáculos de picadeiro, de elementos gauchescos, logo depois responsáveis pelo surgimento da variante circense local chamada de "circo criollo".

Criados para a diversão de novas camadas urbanas contemporâneas da Revolução Industrial — que viera provocar ao mesmo tempo a diversificação social e a concentração da massa dos trabalhadores nas cidades —, os circos europeus, e depois os norte-americanos, estabeleceram como tradição a divisão de seus palhaços em tipos estereotipados, conforme suas especialidades (*clown* inglês, *clown* acrobata, palhaço branco etc.). E embora vários deles usassem em suas apresentações instrumentos musicais, seu objetivo não era exibir-se tocando ou cantando, mas fazer rir através da emissão de guinchos desafinados e sons estapafúrdios.

A grande contribuição sul-americana à criação internacional do circo seria, afinal, o aproveitamento dos múltiplos talentos histriônicos e musicais exibidos pelos diferentes *clowns* europeus, para a criação de dois tipos locais que lhes sintetizariam todas as virtudes: o palhaço instrumentista-cantor (equivalente do *chansonnier* do teatro musicado) e o palhaço-ator (responsável pelo aparecimento da originalíssima teatrologia circense das canções representadas, até hoje ignorada por historiadores e estudiosos do teatro).

Os números de pantomimas do circo exigiram sempre dos palhaços uma boa dose de talento dramático, mas as representações equivalentes aos autos e entremezes populares de teatro, embora conhecidas no Circo Olímpico por iniciativa do ator Benito Jiménez desde 1842 na Argentina, só se firmariam de fato como "novidade" no início da década de 1880, por ação do mais famoso palhaço da época naquele país: José Podestá, o *Pepino 88*.

Elevado a palhaço em 1881 (o nome Pepino como diminutivo de Pepe — José —, e o 88 sugerido visualmente pelo desencontro dos desenhos do padrão do tecido, ao costurar-se a fantasia), José Podestá lançou desde logo a novidade das cançonetas sobre temas do momento, para atender ao "sentimiento del pueblo por las cosas de la tierra", como anotaria mais tarde em suas memórias sob o título de *Medio siglo de farándula*:

> "Com as canções de atualidade e gracejos sobre temas do momento conquistei a simpatia geral do público. Os estribilhos de minhas cantigas eram repetidos em todos os lugares"[1].

Ante o sucesso de sua identificação com o público humilde das cidades — e inclusive o das pequenas localidades pampianas —, Pepe Podestá, já então aplaudido como "el gran Pepino", aproveita a repercussão da novela gauchesca de Eduardo Gutiérrez, *Juan Moreira*, acabada de publicar em folhetins no jornal *La Patria Argentina*, e lança-se em 1884 como ator de pantomimas

---

[1] *Apud* Raul H. Castagnino, *in El Circo Criollo: datos y documentos para su historia*, Buenos Aires, Laj, 1953, p. 79.

sobre as aventuras do herói-bandido vítima das injustiças do mandonismo dos grandes proprietários rurais[2]. Dois anos depois, em 1886, a mímica inicial das pantomimas de José Podestá (aplaudidas inclusive pelo imperador d. Pedro II no Rio de Janeiro em 1885) passa também a incluir falas, e surge então o espetáculo de *circo criollo* de duas partes: a primeira representada pelos números de pista, segundo o modelo importado, a segunda pelas representações teatrais, responsáveis desde logo pela maior estabilidade dos circos, como aconteceria mais tarde no Brasil com os pavilhões.

Descoberto o filão do palhaço-cantor-satírico-costumbrista ("El vendedor ambulante", "Vasco-Cochero", "Que vida la del cochero!") e do palhaço-ator gauchesco (com a dramatização sempre renovada de episódios da novela *Juan Moreira*), Pepe Podestá — antecipando-se ao que faria também no início do século XX no Rio de Janeiro o palhaço negro Eduardo das Neves — inaugura a era do autor profissional de música popular urbana, lançando na década de 1890 folhetos com as letras de suas composições, já em 1897 reeditadas sob o título apelativo de *Nuevas canciones inéditas del gran Pepino 88 para cantar con guitarra.* E ao apresentar tal reedição, aliás, o autor do prefácio, que se assinava J. G. N., não esquecia de registrar a prioridade das criações de José Podestá:

> "Ele foi o criador do gênero *clown criollo*! Ante um público acostumado ao estilo inglês, que nada tinha a ver com o nosso modo de ser, o surgimento de um *clown* que rompia com toda a velha tradição causou uma verdadeira revolução nos circos sul-america-

---

[2] A história de *Juan Moreira* — solitário equivalente gaúcho dos cangaceiros do Nordeste agrupados em bandos — estendeu sua popularidade inclusive ao Brasil, a ponto de merecer uma edição da Companhia Gráfico-Editora Monteiro Lobato em 1925, em tradução de Carlos Maul.

Eduardo das Neves, antigo palhaço de circo, transformado no início do século XX em cantor de música popular pelo produtor de discos Frederico Figner, proprietário da Casa Edison do Rio de Janeiro.

nos. E a fama de Podestá atingiu ao auge há mais de dez anos"[3].

De fato, as primeiras e ainda lacunosas informações sobre as origens do circo no Brasil confirmam, se não a influência direta desse palhaço argentino Pepino 88, dentro da "revolução nos circos sul-americanos", ao menos uma inegável coincidência de datas: segundo depoimento a Mário de Andrade em 1928, "um senhor velhusco", em suas lembranças de menino em São Paulo, por volta de 1876, recordava-se do palhaço Antoninho Correia, do Circo Casali, cantando com a cara pintada de preto (a exemplo do *blackface* dos *minstrels* norte-americanos[4]) o "Lundu do Escravo"[5].

Essa variante brasileira da imitação da música de ritmo africano-crioulo por brancos, tal como acontecia nos Estados Unidos desde fins do século XVIII, não se limitava porém a atestar apenas a admiração das "famílias" pela arte dos negros, mas atendia ainda a uma certa bonomia patriarcal, que consistia em ceder da severidade senhorial para divertir-se às vezes à custa dos seus "pretinhos". Um magnífico exemplo dessa disposição, aliás, seria fornecido pelo velho palhaço negro Benjamim de Oliveira (Pará de Minas, *c.* 1870-Rio de Janeiro, 3/5/1954) na página única de um seu pretendido livro de memórias. Nessa página au-

---

[3] *Apud* Raul H. Castagnino, *op. cit.*, pp. 80-1.

[4] Informações sobre essa "pioneira espécie de teatro musicado na América" podem ser encontradas no capítulo "Pérolas do 'Minstrelsy'" do livro *História da música popular americana*, de Dave Ewen, lançado em 1963 em tradução de Miécio Tati pela editora Letras e Artes do Rio de Janeiro.

[5] Com a ajuda da memória de outros informantes de idade avançada, Mário de Andrade deu-se ao trabalho de reconstituir música e letra completa desse "Lundu do Escravo" cantado no século XIX pelo palhaço branco Antonio Correia sem saber que, cerca de quinze anos antes de sua descoberta, o palhaço negro Eduardo das Neves gravara em disco Odeon da Casa Edison, sob o título de "Preto Forro Alegre", uma outra versão desse mesmo lundu com a variante "Vai buscá papel e tinta/ que você vai se forrá".

Benjamim de Oliveira, palhaço, ator e autor circense: negro que representava personagens brancos graças a um processo de maquiagem com base no alvaiade, por ele mesmo desenvolvido.

tógrafa — "mais tarde encontrada por Procópio Ferreira", segundo informação no folheto *O Circo*, editado pelo Unibanco em 1976 —, Benjamim de Oliveira recordava ter assistido, na sua cidade do interior de Minas, ainda menino, por volta de 1880, as graças de um palhaço branco por nome Ricardo, pintado de negro, e a quem "os fazendeiros tinham o prazer em pedir ao palhaço que mexesse com as negras à bancada, que eram suas escravas". Ao que acrescentava, arrematando o quadro tão gilberto-freyreano de harmonia social vigente no país:

> "Então, às vezes, o palhaço ia às bancadas mexer com as negras. Isso era um gozo para aquelas senhoras. E o palhaço Ricardo ficava satisfeitíssimo por ser bem acolhido por todos"[6].

O curioso é que caberia exatamente a esse pretinho filho de "rainha das doceiras" de Pará de Minas — que aos 12 anos fugiria de casa como tratador de mulas do Circo Sotero — a quebra desse quadro de relações patriarcais iniciado um século antes na área dos espetáculos populares pelos *minstrels* norte-americanos: muito coincidentemente logo após o fim da Monarquia justificadora de tal esquema de relações, surge com a República a figura do palhaço negro Benjamim, com a cara pintada de branco. E para logo ter que disputar com o colega paulista Veludo a glória de inaugurador da nova e democrática era dos palhaços negros no Brasil.

Em verdade, ainda antes do aparecimento das figuras dos palhaços cantores-instrumentistas negros, criadores do equivalente do *circo criollo* argentino, os próprios palhaços brancos já haviam de certo modo iniciado a nacionalização do circo, através da sua transformação em espécies de *chansonniers* de picadeiro. É que os circos populares começavam sua diluição artística do universal

---

[6] *O Circo*, suplemento do *Jornal Unibanco*, nº 55, dezembro de 1976, p. 5.

no regional no momento mesmo em que, na área das camadas da burguesia, surgia, no Rio de Janeiro, a novidade do chamado "gênero alegre" do *vaudeville*, logo apontado, aliás, por Machado de Assis em 1867 como responsável pela perda das "tradições e do bom gosto", e em 1878 como "depravação do gosto" pelo também romancista-cronista Joaquim Manuel de Macedo. E tal animosidade contra o novo gênero de diversão baseava-se exatamente em que, rebaixando com números cantados-representados das cançonetas de palco a qualidade das árias da ópera italiana, julgada a "música séria", dava-se às camadas médias a falsa impressão de estarem superando com tais modas novas européias a vulgaridade dos batuques e lundus do grosso do povo.

Assim, é compreensível que, ao recolher na década de 1950 cantigas populares guardadas na memória de velhos paulistanos, a pesquisadora Elza Dellier Gomes tenha encontrado entre seus próprios parentes um que ainda lembrava "quadrinhas musicadas", cantadas "por um palhaço de cor branca, no Largo da Concórdia (Brás) em 1883 aproximadamente", cujo gênero — conforme indica o texto — era uma cançoneta do teatro musicado, e cuja origem, a julgar pela referência ao Aterrado, era o Rio de Janeiro:

"Eu já vi no Aterrado
Deixemos de gracejo
Uma velha muito velha
Na porta de uma venda
Roubar um bonito queijo"[7].

A febre das cançonetas de estilo vaudevilesco acentuara-se de fato após o fim da Guerra do Paraguai (o Rio passou de 10 teatros em 1864 a 20 em 1870, ao fim do conflito), e devia seu

---

[7] Elza Dellier Gomes, "Uma 'estória' de palhaços", *in* seção Correio Folclórico do jornal *Correio Paulistano*, São Paulo, 28/5/1950.

sucesso ao fato de suas letras constituírem histórias cômicas para serem cantadas-representadas, e com a novidade de permitir a interpolação de falas — muitas vezes improvisadas pelo cançonetista — como introdução à nova estância de versos. No caso, essa "Pomada" cantada pelo "palhaço de côr branca" do circo paulistano, tirava sua oportunidade do aparecimento das caixinhas de pomadas no comércio do Rio de Janeiro, novidade que acabaria originando a gíria carioca para pretensão, gabolice, vaidade, e de onde derivaria ainda o neologismo pomadista[8]. Tal como no caso de Mário de Andrade em 1928, porém, a pesquisadora Elza Dellier Gomes, ao divulgar em 1950 sua notícia sobre a cançoneta recolhida, em artigo intitulado "Uma 'estória' de palhaços", demonstrava desconhecer que a cançoneta do teatro carioca, divulgada pelos palhaços de circo por todo o Brasil, ganhara tal notoriedade que, em 1912 ou 13, justificaria sua gravação no disco Odeon da Casa Edison nº 108.679, cantada pelo ex-palhaço Eduardo das Neves, transformado em cantor profissional da nova era do disco.

O fato é que, popularizado o gênero afrancesado das cançonetas, não tardaria o momento em que, com a elevação de negros talentosos das baixas camadas ao papel de palhaços — como era o caso do próprio Eduardo das Neves —, o gênero do lundu-canção, até então cantado por brancos de cara pintada, viesse a ganhar seus mais autênticos intérpretes no que se poderia chamar de *chansonniers* crioulos. E foi de fato o que aconteceu, como este autor procurou demonstrar em 1990 em sua *História social da música popular brasileira*, ao escrever:

> "Como as companhias espanholas de *zarzuelas* (cujos tangos e *habaneras*, aliás, fariam nascer em 1871

---

[8] As gírias "pomada" e "pomadista" foram registradas por Raul Pederneiras em *Geringonça carioca: verbetes para um dicionário de gíria*, Rio de Janeiro, Oficinas Gráficas do Jornal do Brasil, 1922.

o tango brasileiro, numa adaptação do maestro Henrique Alves de Mesquita), e de revistas e mágicas portuguesas (revistas e operetas de Sousa Bastos fizeram furor de 1881 a inícios de 1900), além de *troupes* parisienses (que continuavam a alimentar o francesismo não apenas do Alcazar, mas do antigo Salão do Paraíso transformado em Folies Parisiennes, do Teatro Casino Franco-Brésilien, de 1872, e do Teatro Vaudeville, de 1874), monopolizavam a vida teatral carioca, eram elas que ditavam o sucesso. Assim, o que se adotaria no país para seguir esse modelo, tanto podiam ser meras adaptações de peças espanholas ou francesas como imitações das próprias canções portuguesas (importadas ou produzidas por maestros radicados no Rio, como Francisco Sá Noronha ou Francisco Alvarenga), o que levaria em pouco tempo à criação, por compositores brasileiros, de um equivalente nacional, muitas vezes com declarado ritmo de lundu"[9].

Os dois primeiros artistas responsáveis por essa originalidade brasileira dos palhaços negros cantadores de cançonetas vaudevilescas, disfarçadas de lundus, e logo também dançadores de chulas e atores de teatro circense foram, pelo final do século XIX, como se viu, o "palhaço preto cantador, equilibrista, saltador, um faz-tudo muito apreciado, se chamando Veludo", citado em 1928 por Mário de Andrade na *Revista de Antropofagia*, e o mineiro Benjamim de Oliveira.

Sobre o palhaço Veludo só se conhece a vaga notícia fornecida no quarto número da *Revista de Antropofagia* de agosto daquele ano de 1928 por Mário de Andrade, ao atribuir-lhe versos

---

[9] José Ramos Tinhorão, *História social da música popular brasileira*, Lisboa, Caminho, 1990, p. 170 [edição brasileira: São Paulo, Editora 34, 1998, p. 215].

Revista de Antropofagia 5

LUNDU' DO ESCRAVO

MARIO DE ANDRADE

Tendo colhido aquele Romance que dei noticia no último número desta "Antropofaga", como falei, sube da existencia do palhaço preto Veludo. Pelas coincidencias dele ter portado muita feita em Araraquara, ser preto e as moças guardarem o Romance da boca dum palhaço preto de Araraquara mesmo, achei que de certo o Veludo é que cantava o documento.

Sei com firmeza mas é só que êsse palhaço tirava um lundu em que vinha o refrão do Romance, com variante mirim:

"Eu fiquei todo sarapantado
Como gambá que caiu no melado".

Mais outra senhora de Araraquara mais uma estrofe tambem. E foi da memoria dela que Veludo renasceu com as macaquices nome cor e tudo.

Finalmente minha felicidade me levou pra um senhor velhuco já, com memória de genipapo indelevel, voz musical e bondade como ninguem. Este senhor foi praceano aqui da capital toda a vida e ali por 1876 vasava as energias de curumim frequentando o circo da companhia Casali que parava sempre meses no largo de S. Bento, Depois o menino tomava sorvetes na confeitaria perto. Pois nessa companhiá é que estava o Antoninho Correia, palhaço brasileiro de cor bran-

III (S. Paulo)

Quando mia sinhô me disse:
— Pai Francisco, venha cá;
Vai cortá as tuas unha
Que tu tá para casá,

E eu fiquei todo contentado
Como gambá que saiu do laço!
Seu bem me dizia (ter)
Que eu havia de casá!

IV (Minas, D. Alexina de M. Pinto)

Quando meu sinhô me disse:
— Pai Francisco, venha cá;

Esse lundú é bem da nossa tradição pelo menos no Brasil central. Dona Alexina de Magalhães Pinto ("Cantigas das Crianças e do Povo", ed. Alves, pg. 82) dá uma variante da música em que tambem o refrão se modifica assim:

"Iô ficou tudo espantarrado
Como um pintinho que caiu no melado".

(Tambem a versão de S. Paulo capital, que vem adiante conserva "espantarado").

Das estrofes da que chama "cantiga de palhaço" dona Alexina de Magalhães Pinto dá só uma.

Um senhor de Araraquara, junto com outra estrofe me restabeleceu o refrão em fala mais tipica:

"E iô ficô todo assarapantado
Como gambá que caiu na raçada".

("Raçada" com r brando é laçada).

Outro senhor do Tietê trouxe pra mim mais uma estrofe, escutada lá.

ca. Se pintava de preto e tirava tambem o lundú. E pude ajuntar mais uma estrofe e a versão musical completa que vai aqui junto. Com mais outra estrofe me dada por uma senhora de S. Paulo, reuno um Lundú do Escravo, já bem satisfatorio no tamanho. Assim:

1 (Araraquara)

Quando mia sinhô me disse:
— Pá (i) Francisco, venha cá;
Vá lá na sanzalaria
Zicuiêra (recolher) us criurinho.

Eu fiquei todo espantarado
Como gambá que caiu no laço!
Seu bem me dizia (ter)
Que eu havia de pagá!

II (S. Paulo)

Quando mia sinhô me disse:
— Pai Francisco, venha cá:
Vai chamá sua feitô
Que tu tá para apanhá,
(Refrão)

Vá lavá tua zipé
Que tu tá pra te casá,
(Refrão)

V (Araraquara)

Quando mia sinhô me disse:
— Pai Francisco, venha cá;
Vai lá na sanzalaria
Que tu tá para casá,
(Refrão)

VI (Tietê)

Quando mia sinhô me disse:
— Pai Francisco, venha cá;
Vai buscá papé e tinta,
Pra você se escrevinhá,
(Refrão)

Como estão vendo, os passos principais da vida do escravo vêm aí todos. (Aliás a última estrofe interpretei por mim como alforria). Trabucou, recolheu os criolinhos, levou bacalhau que não foi vida mas porêm na sanzalaria se arregalou tirando uma linha com as boas, lavou o pé, cortou a unha, casou, casou, casou! Casou por

(Cont. na p. 6)

Página da *Revista de Antropofagia* nº 5, de setembro de 1928, com o artigo de Mário de Andrade sobre o "Lundu do Escravo", ouvido por ele em diferentes versões pelo interior de São Paulo e Minas Gerais. A partitura seria novamente reproduzida, com correções, no nº 7 da publicação.

classificados de "romance" ("— Netinha, que está fazendo/ Calada aí na cozinha?/ — Estou pondo água no fogo/ Pra café, minha avozinha"), mas cujas quadrinhas em redondilha maior eram seguidas sempre do refrão do "Lundu do Escravo" ou do "Preto Forro Alegre", como seria chamado depois da Abolição, em 1888. Se, porém, no caso desse Veludo, não se pode ir além do que sobre ele escreveu Mário de Andrade, quanto a Benjamim de Oliveira — elevado a palhaço em 1890 em São Paulo, mas cuja carreira se projeta no Rio de Janeiro à época da Revolta da Armada, durante o governo do marechal Floriano Peixoto — sua longa carreira de mais de cinqüenta anos e seu gênio criativo lhe garantiriam destaque digno de maior notícia.

Nascido por volta de 1870 em Pará de Minas, filho de preta livre, doceira de profissão, Benjamim começou menino como cangueiro de tropa de burros. Ao passar a vender os bolos feitos pela mãe em porta de circo, deslumbrou-se com a vida dos artistas ambulantes e pôde deixar sua cidade aos 12 anos no posto de tratador das mulas do Circo Sotero. Como apanhava muito do dono do circo, porém, fugiu pouco depois com um grupo de ciganos caldeireiros que acumulavam sua arte particular com a de roubar cavalos.

Os ciganos eram tão apaixonados pelo seu *métier* que, a certa altura, como era ainda o tempo da escravidão, viram a possibilidade de trocar o pretinho Benjamim por um cavalo. Alertado pela menina Jandira, filha do chefe cigano, esperou à noite pela senha combinada com a ciganinha para quando todos pegassem no sono — duas tossidas em seguida — e fugiu para São Paulo pedindo esmolas para a festa de São Francisco, até conseguir lugar de acrobata no circo de um norte-americano que — conforme recordaria em entrevista a Brício de Abreu na década de 1940 — andava com um macaquinho no ombro e era o mágico do próprio circo.[10]

---

[10] Os dados sobre sua infância, fornecidos em entrevistas a Brício de Abreu por Benjamim de Oliveira para publicação nas revistas *Dom Casmur-*

Após dois anos perambulando pelo interior de Minas e São Paulo com o circo do norte-americano, e depois nos de Manuel Marcelino e Frutuoso Pereira, pôde realizar em 1890, com a entrada para o circo do português Comendador Caçamba, seu grande sonho: trabalhar no Rio de Janeiro. E foi durante uma das apresentações, já como palhaço de algum sucesso nesse circo do português Caçamba armado em Cascadura, que um acontecimento inesperado mudou a vida de Benjamim de Oliveira: felicitado certa noite nos bastidores por um espectador que lhe entregou uma nota de 5 mil-réis, vieram todos a saber depois que o verdadeiro responsável pela gorjeta era o marechal Floriano Peixoto, empossado presidente da República em 1891 ante a renúncia do marechal Deodoro da Fonseca. E, assim, transformado por suas virtudes de palhaço em artista de maior prestígio da *troupe*, foi imediatamente convocado para tentar obter diretamente do marechal presidente um local melhor para o circo do Comendador Caçamba. Recebido de fato pelo presidente no Ministério da Guerra, no momento mesmo que explodia a Revolução da Armada, em 1893, Benjamim de Oliveira obteve licença especial para armar o circo na Praça da República, com público garantido de soldados:

> "Tínhamos uma espécie de subvenção oficial. Cento e cinqüenta mil-réis por semana. O soldado entrava sem pagar. Apenas um sargento tomava nota dos nomes..."[11]

Foi ante esse público tão representativo do que se convenciona chamar de camadas populares — todos muito bem capa-

---

ro e *Comoedia*, foram reunidos em 1963 no capítulo "O maior artista negro do Brasil: Benjamim de Oliveira", de seu livro *Esses populares tão desconhecidos*, Rio de Janeiro, E. Raposo Carneiro Editor, 1963, pp. 77-88.

[11] Brício de Abreu, *op. cit.*, p. 85.

zes de avaliar destrezas, graças e habilidades plebéias — que o palhaço negro Benjamim de Oliveira, além de desengonçar-se nas complicadas letras da dança da chula, começou a exercitar seu talento de intérprete de modinhas e lundus ao violão, e de ator de pantomimas às vezes sobre temas literários. Era o início da evolução para a "forma de teatro combinado com circo, que mais tarde tomaria o nome de Pavilhão"[12].

Em verdade, após trocar o circo do português Caçamba inicialmente pelo Circo Sampaio e, em 1895, pelo do Spinelli, Benjamim de Oliveira começa a chamar atenção não apenas como palhaço, mas por suas qualidades de ator em pantomimas como *D. Antonio e os guaranis*, baseada no romance *O guarani*, de José de Alencar. E era seu sucesso no papel do índio Peri, com o alvaiade do rosto misturado com tons róseos, para imitar a cor de pele dos indígenas, que permitia ao Spinelli denominar seu palhaço negro nos cartazes, ao despontar do século XX, de "Querido por Todos". O que, aliás, a publicação de uma nota na "Seção Livre" do jornal *O Commercio de São Paulo* confirmava ao classificar o artista de "nosso simpático Benjamim de Oliveira, que, além de desempenhar seu papel como palhaço, nas pantomimas não tem rival"[13].

A necessidade de pintar a pele para interpretar papéis não apenas de índio, mas de brancos, levou Benjamim a desenvolver uma técnica de maquiagem certamente avançada para a época, a julgar pelo depoimento de um contemporâneo, o memorialista paulistano Jacob Penteado, que, em seu livro *Belenzinho 1910: retrato de uma época*, recordaria sua deslumbrada visão do palhaço no circo de seu bairro em menino lembrando:

---

[12] Brício de Abreu, *op. cit.*, p. 86.

[13] *Apud* Vicente de Paula Araújo, *in Salões, circos e cinemas de São Paulo*, transcrevendo nota de *O Commercio de São Paulo*, de 24/1/1903.

> "Benjamim de Oliveira era negro retinto, mas sabia caracterizar-se tão bem, que muita gente não o identificava em cena. A esse propósito contou-me João Fuccia, velho amigo de infância, que, tendo ido assistir a uma peça do genial palhaço, voltou para casa desapontado, por não ter visto o célebre ator. Foi preciso que o pai lhe explicasse o truque que o negro empregava, para que se convencesse de que Benjamim de Oliveira estivera em cena e representara o papel principal"[14].

De fato, tal como acontecera na Argentina com o palhaço Pepino 88, o "impagável Benjamim" (como era denominado nos cartazes do Circo Spinelli ainda em 1901) evoluíra da *mise-en-scène* das pantomimas para os números com falas, o que representava um passo adiante nas encenações anunciadoras do teatro no circo, tal como antecipava o próprio título da empresa de seu contemporâneo Eduardo das Neves, desde 1902 transformado em cantor profissional do disco: Circo-Teatro-Pavilhão Brasileiro. E essa prioridade na criação final do "teatro combinado com o circo", de fins da primeira década dos 1900, seria reivindicada com ênfase pelo próprio Benjamim de Oliveira, ao recordar em uma de suas entrevistas a Brício de Abreu:

> "No Spinelli é que eu lancei essa forma de teatro combinado com circo, que mais tarde tomaria o nome de Pavilhão. Spinelli era contra. Tanto que nos primeiros espetáculos tomamos roupas de aluguel, porque ele se negava a comprar o guarda-roupa. Foi ali no Boliche da Praça 11. E a primeira peça intitulava-se *O diabo e o Chico*. Pouco a pouco, fomos saindo para o teatro mais forte, de melhor qualidade. E terminamos por

---

[14] Jacob Penteado, *Belenzinho 1910: retrato de uma época*, São Paulo, Martins, s.d. [1962].

fazer *Othelo*. E assim nasceu a comédia e o drama no circo, coisa que nunca se vira antes"[15].

Transformado ele mesmo em autor pela necessidade de textos apropriados para picadeiro — além de *O diabo e o Chico*, escreveria peças de sucesso como *O colar perdido*, *Vingança operária*, *Ilha das maravilhas*, *Matutas na cidade*, *A noiva do sargento* e o "drama lírico" *Os pescadores* —, Benjamim de Oliveira não se contentaria, aliás, em viver no circo o Otelo certamente mais aproximado do imaginado por Shakespeare (como lembrou em crônica de jornal o revistógrafo Artur Azevedo), mas, em 1910, tornar-se-ia responsável pelo mais ousado exemplo de fusão cultural negro-americano-européia jamais tentada em qualquer parte do mundo. Ante o sucesso da opereta de Franz Lehár *A viúva alegre*, encenada em nada menos de cinco diferentes teatros do Rio de Janeiro em 1909, Benjamim resolveu adaptar a obra do compositor austríaco para o circo. Vencida a primeira grande dificuldade, que foi a de transpor para banda de música a partitura escrita para orquestra ("o que o próprio autor, dr. Franz Lehár, confessa não ter podido fazer, e cujas dificuldades foram vencidas pelo maestro brasileiro Paulino Sacramento", segundo informação de Brício de Abreu, que em 1934 entrevistara o compositor em Bad Ischl, na Áustria), *A viúva alegre* é estreada a 18 de março de 1910 no Circo-Teatro Spinelli, armado no Boulevard de São Cristovão, com o também antigo palhaço branco, e então cantor de discos da Casa Edison, Mário Pinheiro, no papel do Príncipe Danilo, e Benjamim de Oliveira no de Négus. Só que, um mês após a estréia, afastado por qualquer motivo do elenco o cantor Mário Pinheiro, surge no picadeiro do Circo Spinelli vivendo o papel do nobre Príncipe Danilo o negro Benjamim de Oliveira — pintado de branco. E essa originalidade brasileira e carioca não terminaria aí porque, ao deixar por sua vez o papel na mesma tempora-

---

15 Brício de Abreu, *op. cit.*, p. 86.

O palhaço Benjamim, atração maior do Spinelli que, além de tocar modinhas e lundus ao violão, introduziu no Brasil o teatro no circo, com peças de sua autoria especialmente escritas para o picadeiro, como *A noiva do sargento*, de 1918.

da dessa *Viúva alegre* circense, o substituto de Benjamim seria o também palhaço-cantor negro Eduardo das Neves, que já em janeiro daquele ano de 1910 vivera de forma cômica o mesmo Príncipe Danilo na "comédia-crítica" *A sentença da viúva alegre*, escrita pelo próprio ator.

Assim, graças a essas duas adaptações, o Brasil ficava sendo, naquele ano de 1910, o único país do mundo em que a famosa opereta destinada ao consumo da fantasia das camadas de classe média urbana descia ao alcance do povo, com seu príncipe interpretado, sucessivamente, por três palhaços de circo — dois deles negros de cara pintada de alvaiade.

Eduardo das Neves, substituto de Benjamim de Oliveira no papel de príncipe de opereta, constituiu por sinal o segundo melhor exemplo da capacidade espontânea de síntese étnico-sócio-cultural na área das camadas populares brasileiras, a partir do verdadeiro laboratório de experiências humanas representado pelo Rio de Janeiro de fins do século XIX até a Revolução de 1930, que inauguraria o fenômeno do dirigismo político-ideológico através do denominado Estado Novo.

Contemporâneo do colega mineiro — Eduardo Sebastião das Neves nascera em São Paulo em 1871, conforme declararia em 1892 ao engajar-se como praça no Corpo de Bombeiros do Rio de Janeiro[16] —, o futuro palhaço-cantor pioneiro da indústria do disco no Brasil teve infância típica de menino de cidade, mas com

---

[16] A informação é de Jota Efegê em seu artigo "Dudu, o bombeiro boêmio", publicado na edição de 3/7/1966 do matutino carioca *O Jornal*, e reproduzido no livro do mesmo autor *Figuras e coisas da música popular brasileira*, vol. I, Rio de Janeiro, MEC/Funarte, 1978, pp. 177-9. A *Enciclopédia da música brasileira erudita, folclórica e popular* (São Paulo, Art Editora Ltda., 1977, vol. I), seguindo Ary Vasconcelos em suas notícias sobre Eduardo das Neves em seus livros *Panorama da música popular brasileira* (São Paulo, Martins, 1964) e *Panorama da música popular brasileira na Belle Époque* (Rio de Janeiro, Livraria Sant'Anna, 1977), dá Eduardo das Neves como nascido no Rio de Janeiro em 1874.

tendência ao ingresso no grupo dos alegres excedentes do mercado de trabalho urbano formadores da chamada malandragem: "Quando eu era molecote,/ Que jogava meu pião,/ Já tinha certo jeitinho/ Para tocar violão.../ Fui crescendo, fui aprendendo,/ Fui-me metendo na malandragem/ Hoje sou cabra escovado,/ Deixo os mestres na bagagem"[17].

Foi certamente essa aptidão para as artes populares — a ginga de corpo necessária à desconjuntada dança da chula, o gosto pelo canto e "dar mão à lira" no violão — o que explicaria o fato de, já no Rio de Janeiro, ao ser expulso do Corpo de Bombeiros em 1893, o "crioulo Dudu das Neves" ter resolvido entrar para a "companhia eqüestre", ou seja, para a vida circense. E deve ter feito carreira rápida como palhaço-cantor, pois em fins de 1897 — segundo comprovou Jota Efegê em sua pesquisa sobre o artista em jornais cariocas — já era assim anunciado nos anúncios do Circo-Pavilhão Internacional, então armado em Botafogo: "O primeiro palhaço brasileiro fará as delícias da noite com suas magníficas canções e lundus acompanhados com seu choroso violão"[18].

Pessoalmente muito seguro da imponência da sua figura, como demonstraria ao visitar durante o carnaval de 1900 a redação do *Jornal do Brasil* "ricamente trajado de príncipe", ao fazer-se fotografar de pé, com sapatos de entrada baixa, calça bufante sobre meias meio-cano e jaqueta clara com gola de seda escura (como apareceria na capa do volume *Lira do trovador* da Livraria Teixeira, de São Paulo, em 1918, um ano antes de sua morte), Eduardo das Neves não iria limitar suas atividades ao circo, como Benjamim de Oliveira. Logo ao início do novo século, per-

---

[17] Lundu autobiográfico em 84 versos intitulado "O Crioulo" ou "O Crioulo Dudu das Neves", incluído pelo próprio autor no folheto com as letras de suas músicas intitulado *Trovador da malandragem*, Rio de Janeiro, Livraria Quaresma, 1926, pp. 64-6.

[18] *Apud* Jota Efegê, *op. cit.*, p. 178.

Eduardo das Neves, "ricamente trajado de príncipe",
na capa do volume *Lira do trovador*, da Livraria Teixeira,
de São Paulo, em 1918, um ano antes de sua morte.

cebendo a importância que assumia com os discos mecânicos de 76 rotações da Casa Edison a divulgação da música popular, procurou pessoalmente o produtor Frederico Figner, e tornou-se, a partir de 1902, cantor profissional. E, assim, como sua condição de palhaço no estilo brasileiro já lhe garantia um repertório de agrado comprovado junto ao grande público — e que ele inteligentemente iria ampliar, aproveitando gêneros em voga nas diferentes regiões do Brasil para onde viajava com o circo —, pôde desempenhar então um papel cultural de importância até hoje não bem avaliada: a de fixador da memória de grande parte da produção de música popular brasileira vinda do século XIX, e que por certo se perderia não fosse a meia centena de discos que viria a gravar entre 1902 e 1919, perfazendo um total de mais de cem músicas.

Se neste ponto foi diferente de Benjamim de Oliveira, de quem só se conhecem seis discos (um deles o lundu "Tutu", não relacionado no levantamento da Funarte de 1982, e em que é apresentado no selo Columbia de 1909 ou 1910 como "conhecido e popularíssimo palhaço"[19]), o "crioulo Dudu das Neves" repetiria em tudo o mais o talento do "negro Benjamim": foi autor de monólogos, paródias, pantomimas cantadas (*Um bicheiro em apuros*, *O olho do diabo* — depois *Monóculo do diabo* —, *Janjão o pasteleiro* etc.), além de cançonetista de estilo vaudevilesco em palcos populares como o do Passeio Público e de Cafés-cantantes, e compositor-cantor de sucesso nacional através do disco. E quando integrante do elenco do Circo-Teatro François, Eduardo das Neves estava destinado a viver ainda como ator, na noite de 21 de janeiro de 1905, na capital de São Paulo, um imprevisto que o tornaria — embora sem querer — o personagem central do

[19] Disco Columbia 11.685 (Matriz 11.685 — 1 — 1), adquirido pelo autor após concluída a pesquisa de que resultou a publicação da *Discografia brasileira 78 rpm 1902-1964*, Funarte, 1982. Edição de 200 exemplares em cópias xerox.

que hoje se poderia classificar de um autêntico *happening* teatral: numa cena de tiroteio do drama *Os bandidos da Serra Morena*, alguém trocou as balas de festim do revólver de um comparsa, e o ator-cançonetista levou um tiro de verdade. Por sorte, segundo o legista, "o projétil varou a pele e os tecidos musculares adjacentes, saindo pelo lado das costas, parecendo não ter penetrado a cavidade torácica", e já em março Eduardo das Neves podia voltar ao palco como personagem central de uma função em seu "benefício", em que foram cantados "22 números de músicas escritas pelo beneficiado"[20].

O *imbroglio* circense envolvendo o personagem Eduardo das Neves num quase drama real em meio à ação ficcional no palco não chegou a ser deslindado. A consciência, porém, de que tal episódio só poderia acontecer mesmo no Brasil, não parece ter faltado ao próprio "crioulo Dudu das Neves", porque um ano depois, ao aparecer liderando já agora elenco próprio, em sociedade com João de Castro, o antigo palhaço do Circo-Pavilhão Internacional preferia intitular sua empresa muito realisticamente de Circo-Teatro-Pavilhão Brasileiro.

Eduardo das Neves, que continuaria a gravar discos na Casa Edison do Rio de Janeiro e a apresentar-se em palquinhos populares até sua morte, em fins de 1919, seria já a partir da década de 1920 considerado um "artista do passado", não fôra um novo imprevisto destinado a envolver, já agora não o próprio artista, mas uma de suas criações. Em 1918, Eduardo das Neves, aproveitando o sucesso de uma valsa de Leo Daniderf, compusera com sua música uma longa história em versos sobre formosa dama de Sevilha que, amando um toureiro, procura uma cartomante para

---

[20] *Apud* Vicente de Paula Araújo *in op. cit.*, que cita, à p. 113, trecho do laudo do legista dr. Xavier de Barros, e à p. 115 o programa da sessão em "benefício" de Eduardo das Neves, tudo conforme noticiário da seção "Teatros, etc." do jornal *O Commercio de São Paulo* respectivamente de 23/1/1905 e 22/5/1905.

inteirar-se da fidelidade do amado, e fica sabendo que "enquanto vida ele tiver/ não será de outra mulher". Sua tranqüilidade dura apenas até a notícia de um acidente com o toureiro em Madri, o que a leva de volta à *buena-dicha* para ouvir, agora: "Teu Pedro minha querida/ foi teu somente na vida". Uma confirmação cruel da profecia, porque "as cartas não mentem jamais". Cantada apenas nos circos, a valsa intitulada "Manolita", e, mais tarde, "Alza, Manolita", não chegou a ser gravada pelo próprio autor, só aparecendo em disco quase vinte anos depois de sua morte, cantada por Artur Castro no disco da efêmera gravadora paulista Ouvidor, em 1928. Pois, surpreendentemente, por um desses mistérios do gosto popular, passados mais quinze anos, em 1943, eis que volta a história de "Manolita", agora para fazer estrondoso sucesso em nada menos de duas gravações: a dos cantores Osni Silva em disco Columbia, e de Francisco Alves no selo Odeon. Quase um quarto de século após sua morte obscura, o nome de Eduardo das Neves voltava ao cartaz, para merecer ainda outra glória inesperada: passar à literatura como personagem de um romance popular. É que, ao contar em 1958 em seu romance *Saltimbancos* as aventuras circenses de um prestidigitador, Afonso Schmidt faria o narrador da história lembrar o sucesso da valsa "Manolita" num circo pobre de periferia:

> "A glória de Eduardo das Neves desabrochou muitos anos depois de sua morte. Está numa canção, simples canção daquelas que ele cantava com tanta alma nas cidades onde armou o pavilhão de lona. Um dia o rádio foi buscá-la, esquecida nos bastidores do circo.// 'Manolita' surgiu do passado, inesperadamente, num estralejar de palmas. Tomou conta da rua, do bairro, da cidade, do país inteiro. Fez uma excursão turística pelo mundo. Uma canção boêmia fugiu de casa ainda mocinha e voltou de cabelos brancos... Quem foi que a compôs? Foi Eduardo das Neves, um palhaço de que só os velhos se lembram. Um pobre palha-

ço que regressou do picadeiro azul da Eternidade trazendo nas mãos negras e magras uma jóia, uma pequenina obra de arte que conseguiu fazer, nestes tempos bicudos, a alegria das multidões!"[21].

Em verdade, os palhaços negros Benjamim de Oliveira e Eduardo das Neves foram apenas dois expoentes do "circo crioulo" no Brasil — para usar no melhor sentido a expressão cunhada pelos argentinos —, mas outros de pele menos escura figurariam também entre seus contemporâneos, como o antigo mulato capoeira carioca Francisco Rosa, o palhaço Gadanha, que cantava ao violão desde o repertório de modinhas do século XIX (como a famosa "A Mulata", sobre versos do poema "Canção" do poeta Gonçalves Crespo, por sinal também mulato) até o repertório do próprio Eduardo das Neves. Um palhaço, aliás, de história triste, este Gadanha, pois já velho e retirado dos picadeiros — ele que cantara ante as palmas de tanta gente humilde por todo o Brasil — seria encontrado em 1930 por um repórter da revista carioca *Voz do Violão* acompanhando-se com um violão rachado, entre o vozerio dos garçons de um restaurante tipo "freje-mosca" do centro da cidade:

> "Já não é mais o picadeiro com a areia refulgindo à luz do acetileno. O ambiente é esfumaçado, morno: uma feia casa de pasto barata. A voz do velho e a voz do violão, rachado, de cordas gastas, morrem entre os gritos do caixeiro 'cantando a lista' e o rumor dos pratos..."[22].

---

[21] Afonso Schmidt, *Saltimbancos*, São Paulo, Saraiva, s.d. [1950], pp. 215-61.

[22] "As reminiscências de um velho palhaço — Gadanha, glória antiga dos picadeiros de circo", *in A Voz do Violão*, Rio de Janeiro, nº 3, de 3 de abril de 1931, p. 30.

Melhor sorte teve um palhaço branco de grosso bigode retorcido, o Campos, que apesar de só ter deixado dele a prestigiosa indicação nos selos dos discos Columbia — "Antigo palhaço de circo" —, foi dos primeiros cantores a serem chamados no Rio de Janeiro por Frederico Figner, ainda em 1900, para gravar "chapas" mecânicas sob a primitiva marca Zon-O-Phone. Especialista em lundus, modinhas e cançonetas — como todos os palhaços-cantores, aliás —, Campos passaria pouco antes de 1910 para a Columbia, onde apareceria como intérprete ao violão em nada menos de 28 discos do repertório inaugural da música popular urbana no Brasil.

Com o aparecimento do disco e, logo depois, do cinema e do rádio, o papel de homem-espetáculo dos palhaços dos circos de duas partes mudou um pouco. Após terem que concorrer com a atração das projeções de filmes mudos — como na década de 1920 acontecia no interior de Goiás com o Circo-Pavilhão Mineiro, cujo gerador de luz próprio permitia incluir entre as atrações "uma boa máquina de projetar filmes"[23] —, viram chegar logo depois os artistas tornados populares pelo disco, convidados para apresentações especiais na qualidade de "cartazes".

Assim, enquanto em seu *Circo de cavalinhos: crônica paulista de 1929*, o autor paulista Terêncio Martins ainda podia se lembrar de vários palhaços como "o Bacalhau, Veludo, Faceirice, Dourado, Pindoba, e tantos outros que nos deliciaram a infância" (e inclusive um que, apesar da "voz de taquara rachada", roubou uma mulher casada para ser assassinado em Minas), no Rio de Janeiro o carteiro-memorialista Alexandre Gonçalves Pinto só tinha para descrever a figura do palhaço Júlio Assunção estas palavras que soavam como o epitáfio de uma época:

---

[23] Informação de Basileu Toledo França em seu livrinho memorialístico sobre a vida musical em Goiás das primeiras décadas do século XX, intitulado *Música e maestros*, Goiânia, Associação Brasileira de Escritores, Seção Goiás, 1962, p. 54.

> "Quem não conheceu Júlio de Assunção, o grande palhaço do circo de cavalinhos que fazia vibrar as platéias com seu mágico violão? Cantando modinhas e lundus, apimentados e humorísticos. Quando entrava no picadeiro, era aclamado pois sabia dizer com graça e verve trocadilhos pilhéricos que a todos fazia rir./ Júlio de Assunção foi aprendiz do palhaço Polidoro de gloriosa memória. Era da turma de Eduardo das Neves, Benjamim de Oliveira e Mário Pinheiro e muitos outros".

Lembrança melancólica, aliás, que logo arrematava com esta informação, no melhor estilo de sua simplicidade de antigo carteiro chorão transformado em memorialista popular carioca:

> "Era distinto amigo e respeitado, lá pelos lados do Andaraí onde faleceu por ter comido um belo surucucu ensopado"[24].

Em todo o caso, se a concorrência na área do fornecimento de diversão para o lazer das baixas camadas passava a obrigar ao menos os maiores circos a adotar padrões de empresa — como o Pavilhão Dudu, do ex-palhaço português Pedro Gonçalves, que em 1948 publicava anúncios prometendo "excelentes atos variados com as mais sensacionais atrações" —, os circos não deixariam de enfrentar criativamente a realidade do novo tempo da indústria cultural de massa. Segundo anotaria em 1980 no único estudo interpretativo do fenômeno do circo-teatro de periferia paulistano (cerca de duzentos apenas em volta da capital, àquela época) o autor dessa pesquisa, visando o doutoramento em Ciên-

---

[24] Alexandre Gonçalves Pinto, *O choro: reminiscências dos chorões antigos*, Rio de Janeiro, edição do autor, 1936. Reedição fac-similar, MEC-Funarte, 1978.

Mário Pinheiro, antigo palhaço de circo,
cantor pioneiro das gravações em disco no Brasil.

cias Sociais em Minas, afirmava que, apesar de todo o bombardeamento dos meios de comunicação na área do lazer, os circos continuavam a reelaborar suas criações para o gosto específico de seu público:

> "O público é um fator decisivo nesse processo de produção de significações: não é o público comportado que concorre ao teatro, ou a distante e anônima audiência da televisão, dividida nas classes A, B ou C. É um público que juntamente com o ingresso compra o direito da fala e que obriga o artista a incorporá-la no texto apresentado. Público que expressa de maneira pouco sutil sua aprovação e desagrado".

Ao que concluía, adiante, sempre com a linguagem tão cara à pompa científica da Academia:

> "Existiria, dessa forma, não uma resistência passiva ao poder dos meios de comunicação de massa, mas exercício de mecanismos alternativos de produção de significações. Ora, produzir significações, fazê-las circular e consumir, é uma forma de exercício de poder, no domínio da prática ideológica"[25].

A isto de o circo produzir alternativas de significação, em meio à onda de sugestões prontas, partidas da indústria cultural, só poderíamos acrescentar à conclusão do candidato a doutoramento que, neste ponto, essa verdade não é nova. Ao menos a julgar pelo momento de um drama de capa-e-espada de um circo descrito por Afonso Schmidt em seu romance, em que o narrador

---

[25] José Guilherme Cantor Magnani, "Ideologia, lazer e cultura popular: um estudo do circo-teatro nos bairros da periferia de São Paulo", *in Dados*. Revista de Ciências Sociais, vol. 23, nº 2, 1980, p. 179.

lembrava-se de Benjamim de Oliveira, em plena década de 1920, vestido de nobre — "capa espanhola e chapéu de abas largas" — a afirmar diante do "cínico" com altivez, enquanto lhe tremiam as negras bochechas, por baixo do alvaiade:

> "— Senhor Conde, entre nós, aristocratas, as questões de honra se resolvem a pistola, a quatro passos de distância!".

3. VIAGEM À HISTÓRIA DO ROMANCE DE ENCANTO (E DESENCANTO) DO POETA MANUEL CAMILO

A) OS ANTECEDENTES DO ROMANCE DE CORDEL

Fenômeno cultural ainda não suficientemente estudado do ponto de vista histórico-social, a produção de uma literatura popular em versos divulgada em folhetos impressos, chamados "de cordel", garante ao Nordeste brasileiro a condição de talvez único continuador no século XXI da mais antiga forma de transmissão de saber da humanidade: a divulgação da informação pelo processo rítmico-mnemônico das palavras.

De fato, depois de constituir na Grécia de Homero a suma ético-pedagógica resultada do casamento do épico com o mítico dos versos da *Ilíada* e da *Odisséia* — dentro do espírito formador dos cidadãos chamado de *paideia* —, a narrativa recitada-cantada dos grandes feitos iria ressurgir a partir do século XI da era cristã na louvação cavaleiresca das gestas, representada na França pela *Chanson de Roland* (entre 1098 e 1120) e na Espanha pelo *Poema del Cid* (*c.* 1140).

Mesmo sem aprofundar a discussão em torno da autoria dos grandes poemas étnicos inauguradores das futuras literaturas "nacionais" — o *Beowulf* anglo-saxão no século VIII, a *Canção de Hildebrand* alemã do século IX, a *Canção dos Nibelungos* (surgida talvez na Áustria entre 1190 e 1200) e as *Sagas* copiladas pelos islandeses desde o século XII (e destinadas a ressurgir nos *Edda* como lembranças desse mesmo povo na Noruega e Groenlândia do século IX) —, não há dúvida de que, antes desses registros escritos, tais narrativas já se inseriam na tradição oral vinda do tempo em que ainda se confundiam, na memória mítico-poética dos povos, os deuses e os heróis.

Aliás, o certo seria mesmo supor que, desde a *Ilíada*, as grandes criações épico-étnicas se alimentassem da antiga tradição oral popular, vindo depois a fornecer motivo a novos cantares reformulados pela gente mais humilde e mais ligada ao dia-a-dia da vida de suas comunidades.

O mais convincente indício dessa realidade seria a ligação existente, desde a antiga Grécia, entre o exercício da cantoria de longos poemas em locais públicos e a figura dos cegos pedintes. Limitados pela condição mesma de sua incapacidade para atividades práticas, os ceguinhos mais bem-dotados de vivacidade e inteligência optariam pelo aprendizado de algum instrumento musical — no mundo antigo a lira, a harpa e a cítara, na era cristã, a par de pandeiretas e tamboris, o que de mais simples em cordas estivesse ao alcance, como saltérios, *vihuelas* derivadas dos alaúdes, até as guitarras mais modestas — para a seu som ganhar a vida cantando-contando histórias rimadas. Como exemplos históricos em apoio da hipótese bastaria lembrar que, além dos "Hinos a Apolo", de Homero, já terem sido apontados por estudiosos como aproveitamento de versos com que um cego de Quios cantara a conturbada instauração do culto daquele deus em Delfos, ainda antes de Cristo o poeta romano Horácio (65 a 8 a.C.) referia-se em escólio ou explicação à Epístola XVII, do primeiro de seus *Epistolarum libri*, às "cantilena mendicorum" como repertório tradicional de cantigas de pedintes e mendigos. E logo após o advento da era cristã, já agora no Egito — onde continuava a predominar a influência grega —, o gramático Anteu (Náucratis, séculos II-III d.C.), autor do *Banquete dos Sofistas*, julgava oportuno reproduzir duas cantigas gregas de mendigos, copiladas por ele ao longo da leitura de 1.500 obras hoje perdidas.

Seriam essas vozes do povo, pois, que se encarregariam não apenas de estender no tempo a tradição secular das histórias em canto-falado, mas de levar a notícia dessa arte urbana aos mais longínquos rincões, como em oportuna citação lembraria o polígrafo português Teófilo Braga em sua *História da poesia popular portuguesa* — embora, como de costume, sem indicação precisa da fonte:

> "No mesmo século IX, o biógrafo do milagroso bispo Liudger, contando como curara um pobre cego, diz que era este cego muito estimado pelos seus vizinhos porque andava de terra em terra cantando das façanhas dos antigos reis e de seus combates"[1].

Até o fim do Império Romano, é possível que tais representantes dessa monodia popular ainda cantassem no latim vulgar transformado em língua geral do Ocidente, mas, a partir do terceiro século, quando a crise política de Roma afrouxa os laços que a uniam às suas províncias, as tendências locais passariam a prevalecer, levando a partir do século V ao surgimento de falares *romanice*, destinados a tornarem-se étnico-nacionais sob os nomes de romanço ou romance.

Assim, quando sobre as ruínas do mundo antigo, após a queda do Império Romano, se instaurou pela Europa a nova era das economias fechadas da depois chamada Idade Média, não seria de estranhar que se instaurasse já agora, entre os cantores populares, o interesse pelos feitos particulares de sua gente. E, ali sim, em lugar da imitação dos antigos aedos e bardos, intérpretes do sagrado, passavam a surgir pelas praças e feiras humildes menestréis locais, como o *gleeman* inglês e o *thulir* escandinavo. E, naturalmente, por toda a Europa ocidental, os especialistas em *jocosius dicere* que, a partir do século VII, viriam a indicar — até pela derivação de seu nome do termo *jocularis*, formado do ad-

---

[1] Teófilo Braga, *História da poesia popular portuguesa: as origens*, Lisboa, Manuel Gomes Editor, 1902, p. 31.

jetivo *joculator* — a condição indisfarçavelmente popular dos jograis.

A prova, aliás, de que tais cantadores de narrativas heróicas e de mitos étnicos bárbaro-europeus foram sempre muito ativos no cultivo de sua arte está em que, ainda no século VIII, o imperador Carlos Magno mandou recolher todos os cantares representativos da contribuição de seus irmãos góticos e teutônicos à sua sonhada grandeza imperial[2]. E tanto o resultado não deve ter sido desprezível que, após sua morte, a fidelidade de seus herdeiros às diretrizes político-espirituais do bispo de Roma providenciou a destruição de todo o material recolhido. Tal atitude, por sinal, ao mesmo tempo que se explicava pela posição da Igreja de Roma — à época interessada na retomada do ordo estabelecido dois séculos antes pelo papa Gregório I, eliminando das igrejas as vozes do povo, em nome da unidade do canto litúrgico —, servia para explicar o vazio de informações históricas sobre a continuidade da cantoria narrativa entre as baixas camadas das cidades, em crescimento desde o século IX.

A existência desse silêncio em torno da tradição do canto narrativo nos meios populares é eventualmente posta em relevo por especialistas da vida urbana medieval, como em seu livro *Vida e cultura na Idade Média* faria o alemão J. Bühler ao observar, referindo-se à constância da existência de uma literatura histórica no "círculo dos monges, clérigos e altas personalidades do mundo secular":

---

[2] A informação é de amigo pessoal do imperador Carlos Magno, o cronista franco Eginhard ou Einhard (*c.* 770-840), que se tornaria seu panegirista na biografia escrita em latim, por volta de 830, no estilo do romano Suetônio. Nessa sua *Vita Caroli Magni* afirmava Eginhard que o imperador "barbara et antiguissima carmina... scripsit memoriaeque mandavit", ou seja, em bom entendimento, que Carlos Magno mandara registrar por escrito os cantos mais antigos e tudo o mais que ainda conservava a memória dos bárbaros.

> "Ao contrário, é muito pouco o que sabemos sobre o modo de pensar e sentir das massas populares daqueles tempos. E, no entanto, a tradição que nos chega, embora em fragmentos ocasionalmente conservados, revela claramente que, a partir da época da migração dos povos, a imaginação popular não deixou de focalizar por um único momento os grandes personagens e acontecimentos históricos, relatando-os e infundindo-lhes vida em suas lendas e canções"[3].

Observação oportuna que, aliás, reforçaria páginas adiante, ao referir-se à também silenciosa evolução da estética do estilo gótico, destinado a eclodir apenas no século XI:

> "Da mesma forma se conhecia há muito tempo os temas tratados na épica da Idade Média, não porque os eruditos os houvessem desenterrado de velhos códices, mas porque vinham sendo transmitidos pelo povo desde os tempos antigos, por tradição oral; e isso de forma alheia a modelos artísticos, e sem chegar à forma escrita que permitisse sua conservação nas bibliotecas, uma vez que o mundo cultural dos primeiros tempos do românico não tinha qualquer opção com as camadas incultas, e a nobreza de espada ainda não se preocupava com poesia"[4].

Era, afinal, o mesmo que já pelo início dos 1900 poria também em destaque Teófilo Braga em sua *História da poesia popu-*

---

[3] Johannes Bühler, *Vida y cultura en la Edad Media*, México-Buenos Aires, Fondo de Cultura Económica, 1957, 2ª ed. em língua espanhola (1ª ed. Alemanha, 1931), p. 215.

[4] Johannes Bühler, *op. cit.* p. 223.

lar portuguesa, ao focalizar o caso particular das origens populares da poética na Península Ibérica:

> "É este fato que importa ter bem presente no estudo da Poesia popular: os cantos tradicionais líricos e épicos, que se elaboraram na sociedade moçárabe dos séculos VIII a XII, não foram fixados na forma escrita. Assim como acontece também com as línguas que se extinguem na indisciplina dialetal não sendo fixadas pela escrita, também os cantos populares se dissolvem nas variantes orais"[5].

De qualquer forma — e ainda uma vez evidenciando a existência dessa tradição oral em linha contínua desde a Antiguidade —, foi essa fonte de reminiscências épicas que, a partir do século XI, os poetas cultos das primeiras cortes cavaleirescas européias transformaram em gestas da sua classe, enquanto cegos pedintes e jograis continuavam em sua cantilena narrativa destinada a transformar-se, mais tarde, em romances precursores da canção urbana no sentido moderno.

Em verdade, as histórias em versos dos romances de fins da Idade Média — o nome romance com sentido de histórias em versos só aparece no século XIII no *Libro de Apolonio*, e depois, por volta de 1444, no poema alegórico "Labiryntho de Fortuna, o Los Trescientos", de Juan de Mena, na Espanha, e em Portugal em 1449, no proêmio do Marquês de Santillana à sua "Carta al Condestable de Portugal" — representaram um novo momento de democratização da poesia narrativa, agora com a contribuição, inclusive, de poetas cultos atraídos pela novidade da imprensa (que permitia a difusão dos versos desde fins do século XV em folhetos baratos, vendidos sob o nome de *pliegos sueltos*).

---

[5] Teófilo Braga, *op. cit.* p. 120.

É certo que, mesmo antes da invenção de Gutenberg, os romances mais populares circulavam em cópias manuscritas (a palavra caderno é do século XIII) e, assim, o que se vinha multiplicar através da impressão em papel era apenas um produto da tradição oral, conforme deixava claro no prólogo de uma das mais antigas coleções de romances populares — a *Silva de romances* — seu editor Esteban de Nájera:

> "Não nego que em muitos dos romances impressos haja erros eventuais; mas isso deve-se às cópias de onde os tirei, quase sempre com alterações e, ainda, às vacilações de memória das pessoas que os ditaram para nós, sem conseguir lembrá-los por inteiro".

O fato é que, favorecidos pelo fascínio da palavra impressa, os poetas adotaram — principalmente em Portugal — a fórmula métrica da antiga epopéia, mas para contar episódios líricos, aproveitando muitas vezes passagens de antigas histórias épicas (agora chamadas de "romances velhos"), sob o nome curto e genérico de romances, logo glosados também sob a forma de trovas cantadas como música popular, intituladas "romances trovados". Era, ao despontar da Renascença, o resultado da longa trajetória, através dos tempos, do rio de histórias narrativas desde o romance épico-aristocrático-cavaleiresco medieval, magnificamente resumida pelo estudioso da lírica castelhana Menéndez Pidal em seu *El romancero español*:

> "A epopéia castelhana, aristocrática pela origem, ultrapassou o círculo dos seus ouvintes, para atingir um público maior e mais heterogêneo; perdeu o fechado caráter militar próprio da poesia dos nobres, e saiu em busca dos mais variados matizes; à façanha heróica, preferiu a aventura novelesca; cantando o amor e outras paixões, tal como o amor, mais humanas, quase desconhecidas da Canção de Gesta, procurou o agra-

do de um publico mais amplo, evoluindo assim da poesia heróico-cavaleiresca, que fôra, para poesia marcadamente novelesca, de interesse mais geral"[6].

Era a democratização final de um gênero de canto narrativo aristocrático por sua apropriação por um público popular, e que pelo menos desde meados do século XIV já podia contar — embora incidentalmente — com o concurso de poetas cultos, como seria na Espanha o caso do irrequieto Arcipreste de Hita, Juan Ruiz, que em seu autobiográfico *Libro de buen amor* (*buen amor* entendido como amor divino, por oposição a *loco amor*, o amor carnal) confessava com arrependimento:

> "Cantares fiz algunos de los que disen ciegos,
> é para escolares que andan nocherniegos,
> é para otros muchos por puertas andariegos,
> cazurros é de burlas: no cabrian en dyez pliegos"[7].

Pois seriam as versões seiscentistas das narrativas épico-líricas que estavam destinadas a passar à tradição oral do Brasil até o século XIX, quando — com a ajuda dos folhetos de cordel portugueses, que também começavam a chegar com mais freqüência — emprestaram seus enredos a cantadores e poetas folheteiros nordestinos para recriações traduzidas em títulos de romances épicos como os da *Batalha de Carlos Magno com Malaco*, *O Cavaleiro Roldão*, *A prisão de Oliveiros* (todos do ciclo de *Carlos Magno e os Doze Pares de França*), tradicionais-moralistas como os dos *Mistérios da Rosa de Milão* ou dos *Mistérios de Genove-*

---

[6] Menéndez Pidal, *El romancero español*, Nova York, 1910.

[7] Juan Ruiz, Arcipreste de Hita, *Libro de buen amor*, Madri, Ispasa-Calpe, 1987, vol. 9 da Nova Série Austral da editora, correspondendo à 19ª edição da obra.

va, da *Imperatriz Porcina*, ou tradicionais luso-universais como as histórias da *Dona Infanta* — a Bela Infanta símbolo da constância conjugal, que faz lembrar a cena da *Odisséia* em que Ulisses põe à prova sua fidelíssima Penélope.

A exemplo de "contas desengranzadas de um colar" — como pitorescamente escreveu Menéndez Pidal —, os romances populares em versos democratizaram-se definitivamente ao longo do século XX no Brasil sob a forma de uma literatura de cordel integrada à tradição da narrativa recitada-cantada. E tudo através de uma curiosa síntese cultural de diluição do universal e do tradicional importado, num exemplo de singularidade regional muito bem captado pelo professor da Universidade Livre de Berlim Ronald Daus, ao concluir em seu livro *O ciclo épico dos cangaceiros na poesia popular do Nordeste*:

> "Da poesia popular portuguesa no Brasil formou-se uma poesia popular nordestina com traços inteiramente próprios, e da 'literatura tradicional' portuguesa uma 'literatura popular nordestina'"[8].

[8] Ronald Daus, *O ciclo épico dos cangaceiros na poesia popular do Nordeste*, Rio de Janeiro, Fundação Casa de Rui Barbosa, 1982, p. 14.

B) A SINGULARIDADE DE UM *SÃO SARUÊ* E SEU AUTOR

Dentro da numerosa produção de histórias de temas épicos ou líricos contadas-cantadas em versos por poetas nordestinos especialistas em folhetos de "obras feitas" — assim chamadas para distinguir seus versos dos criados de improviso por cantadores —, a *Viagem a São Saruê*, do paraibano Manuel Camilo dos Santos (Guarabira, PB, 9/6/1906-Campina Grande, PB, 9/4/1987), constitui um exemplo singular.

Em original desvio da tendência dominante das histórias de louvor admirado à valentia (e mesmo crueldade) de valentes e cangaceiros, de afirmação a princípios religiosos da religião católica (inclusive em sátiras aos protestantes) e de tom moralizante em suas histórias de amor ou paixão, a criação de Manuel Camilo rompe com a divisão geral da temática oscilante entre o "tradicional" e o "acontecido" — na divisão proposta por Ariano Suassuna[9] — e retoma o velho filão universal da utopia de linhagem platônica, sob o prisma da evasão pura e simples do real pela busca do seu avesso.

Neste ponto uma pergunta que se põe é a de saber por quais caminhos, afinal, o poeta de cordel do interior da Paraíba terá chegado ao tema de sua *Viagem a São Saruê*, considerada a au-

---

[9] Ariano Suassuna, "Nota sobre a Poesia Popular Nordestina", Recife, *DECA — Revista do Departamento Cultural e Artístico*, nº 5, 1962.

sência total, na literatura popular ibérica, de uma linha de tradição não apenas de histórias do mesmo tipo, mas principalmente dessa específica, que é a do País da Cocanha. A dúvida se aprofunda, aliás, quando se comprova que, embora não haja memória da circulação da história da terra da abundância em fontes disponíveis ao grande p úblico, mormente em língua portuguesa, o termo *cucanha* ligado a prêmio obtido sem esforço já era empregado coloquialmente no século XVIII em Portugal. De fato, em cena de entremês do teatro popular de Lisboa, de 1798, um personagem negro fazia referência à venalidade dos funcionários da Justiça comentando, em sua fala arrevesada:

> "Deixa pleto não te enfada
> O Sioro queri cucunha,
> Esta gente da Justiça,
> Ai, ai, que sabe da manha"

(ou seja: "Deixa pra lá, crioulo, não liga; o homem aí quer é cucanha. Essa gente da Justiça, ai, ai, é que tem a manha do negócio")[10].

De qualquer forma, se alguma versão do *fabliau* medieval da Cocanha chegou aos ouvidos de Manuel Camilo, deve-lhe ter chegado através de algum registro por copilador culto de fonte anônima, pois revela claramente "cristianização" da história na referência final à Terra da Promissão, e na citação expressa das figuras bíblicas de Moisés e de Aarão.

A observação desse tipo de interferência reveladora de interpolações em narrativas orais, quando de sua passagem para a

---

[10] *Entremes novo da Castanheira ou a Brites Papagaia*, José Caetano de Figueiredo, com música de Marcos Portugal. Lisboa, 1ª Oficina de Felipe da Silva e Azevedo, 1798. Cópia obtida na Biblioteca de Coimbra: CMT-UC-9272.

escrita — trabalho reconhecidamente de copiladores religiosos de mosteiros ou gente a eles ligados —, foi feita por J.-Cl. Schmitt no estudo *Les traditions folkloriques*, conforme cita Jacques Le Goff em seu *O imaginário medieval*, ao referir-se ao caso de uma história recolhida por um clérigo de um anônimo, que por sua vez a dava como ouvida de um letrado. É quando escreve Le Goff, amparado em J.-Cl. Schmitt:

> "O escriba achou a história digna de ser posta por escrito mas, defendendo-se sempre de a ter alterado, descreve precisamente o duplo processo — de cristianização e de formação erudita — a que submeteu este conto do folclore: 'Não lhe acrescentei mais do que é permitido aos escribas; ordenei os acontecimentos por seqüências, adaptei as significações antigas às novas significações, e acrescentei o bosque de Moisés, o sal do Eliseu e, por fim, o vinho de Cristo, feito com água — não para enganar, mas para aumentar a elegância da narração'"[11].

Na impossibilidade de saber-se, hoje, tantos anos depois da morte do poeta, se chegou realmente a tomar conhecimento da história da mirífica terra da Cocanha, resta a hipótese de a idéia ter ocorrido a Manuel Camilo por via semelhante à que levou séculos antes os fabuladores populares medievais a concebê-la. Assim, talvez a vida mesma do autor da *Viagem a São Saruê* constitua, pois, o caminho mais indicado para chegar-se à origem da sua criação ficcional.

Nascido na cidade de Guarabira, na zona do brejo paraibano, ao despontar do século XX, filho de um casal de pequenos agricultores que vendia sua produção como ambulante, Manuel

---

[11] Jacques Le Goff, *O imaginário medieval*, Lisboa, Stampa, 2ª ed. portuguesa, 1944, p. 136.

Camilo dos Santos transfere-se do trabalho rural para o subemprego urbano aos 18 anos, passando a vender folhetos de cordel nas feiras, ao mesmo tempo em que se inicia na atividade da carpintaria, onde chegará à especialização artesanal como marceneiro. Sem desligar-se da arte da cantoria — a que se dedica ainda não como cantador ou autor de "obra feita", mas como recitador de folhetos. Após casar-se em 1930, transfere-se para a capital, João Pessoa, onde passa a acumular as funções de marceneiro com a atividade de cantador até que, começando a escrever histórias em versos em 1936, estréia finalmente em 1938 como autor com o folheto *As missões de Frei Damião em Mulungu.*

A descoberta da vocação de poeta cordelista, aliás, deu-se no caso de Manuel Camilo apenas aos 30 anos, e por acaso, após a compra de uma viola sem cordas a um cego, na qual depois de algum treino começou a improvisar "uns dez pés", como em 1954 contaria em entrevista ao escritor Orígenes Lessa:

> "Um amigo meu, também marceneiro, que também gostava de cantoria, me viu naquele improviso, gostou, respondeu. Fui pegando fogo. A gente começou a cantar, povo jogava dinheiro. Não era essas coisas, mas jogava. Cantamos umas duas horas. O dinheiro que saiu eu dei a ele. O pessoal gostando, fui tomando gosto em improvisar"[12].

A partir de então, segundo informaria ainda Manuel Camilo a seu entrevistador, passou a ler manuais de Geografia ("Poeta sem geografia não sai do lugar"), de Ciências Físicas e Naturais ("isso também é leitura de muita qualidade"), Língua Portuguesa ("como é que o poeta vai escrever se não conhece a língua que

---

[12] *Apud* Orígenes Lessa, "Primeira visita a Manuel Camilo. Campina Grande, 5 de março de 1954", *in A voz dos poetas*, 1ª série, Rio de Janeiro, Fundação Casa de Rui Barbosa, 1984, p. 54.

Deus lhe deu?") e — o que considerava mais importante de tudo — "Uma Bíblia, meu amigo, uma Bíblia!"[13].

A acreditar no próprio autor de *Viagem a São Saruê*, de posse dessas informações hauridas em livros de colégio e na Bíblia, passou a depender apenas da sugestão de um motivo qualquer para desenvolvê-lo em versos:

> "Quer dizer... eu gosto de escrever. Vindo a inspiração eu traço. É romance de amor, é histórico de valentia, é caso de papôco [acontecimento de ampla repercussão]. De papôco até que nem tanto. Gosto de livro que dura: romance. Mas o poeta tem que ter condição para versar qualquer tema".

Ante o sucesso na atividade de autor-cantador, Manuel Camilo dos Santos retorna à sua cidade de Guarabira, onde, em 1942, funda a Folheteria Santos. Era o primeiro passo de uma aventura tipográfica que se estenderia em 1954 a Campina Grande sob o novo nome de A Voz da Poesia, e que em 1958 passaria a A Estrella da Poesia. É quando seu entrevistador o reencontra animado com o rendimento de três impressoras ("duas Minervas") operadas por cinco empregados, enquanto cerca de 100 mil folhetos aguardavam em estoque as encomendas de folheteiros do interior para a venda nas feiras a 5 cruzeiros o exemplar.

Empolgado pelo negócio de autor-impressor — que aliás estimulava, a partir de 1958, através de um programa de 15 minutos na Rádio Caturité, onde lia histórias editadas em sua tipografia —, Manuel Camilo dos Santos deixa-se tentar em 1962 pela carreira política, e candidata-se a deputado estadual pelo Partido Republicano. Além de não se eleger, o desvio da atividade principal prejudica o bom andamento de seus negócios como au-

---

[13] *Apud* Orígenes Lessa, *op. cit.* p. 55.

tor-editor de folhetos, e, logo em 1965, pressionado por dívidas, é forçado a vender a tipografia. Então, de maneira tão fulminante quanto sua ascensão a poeta-editor, começa o declínio de Manuel Camilo dos Santos: após temporada de residência em Natal, no Rio Grande do Norte, volta a Campina Grande no início da década de 1970, onde, já muito abatido após um enfarte, em 1987 "falece numa situação de extrema pobreza", como melancolicamente registraria o *Dicionário literário da Paraíba*[14].

Não é de estranhar, pois, que com tal história de vida — cujo desfavor tentou sem sucesso reverter na prática — o cantador-editor Manuel Camilo visse no sonho poético do seu avesso uma forma de evasão capaz de, não apenas compensá-lo, individualmente, mas a todos os leitores-ouvintes sujeitos às mesmas adversidades que ele.

A própria escolha do tema da *Viagem a São Saruê*, conforme depoimento do autor a Orígenes Lessa (em entrevistas realizadas respectivamente em 1954 e 1958), leva a essa identificação entre Manuel Camilo dos Santos e a visão de mundo de seus clientes das baixas camadas do mundo rural — que é o mesmo fornecedor do povo miúdo das pequenas cidades e da periferia dos grandes centros. Segundo o poeta-folheteiro, a idéia para a história da viagem à terra encantada da fartura e da boa-vida nasceu de uma expressão popular da Paraíba, feita para deixar claro que — considerada a dureza da vida dos pobres — a obtenção de qualquer vantagem ou facilidade é "Só em São Saruê, onde feijão brota sem chovê". Era a própria definição da impossibilidade da realização de qualquer desejo porque, afinal, como toda pessoa ligada ao cultivo da terra sabe, semente plantada sem água no tempo certo é semente perdida:

---

[14] Verbete sobre Manuel Camilo dos Santos, *in Dicionário literário da Paraíba*, organizado por Idelette Musart Fonseca dos Santos, João Pessoa, Conselho Estadual de Cultura, A União, 1994.

> "A 'Viagem' nasceu de uma frase popular, já ele me disse uma vez: 'Só em São Saruê, onde feijão brota sem chovê'. São Saruê é o improvável, o dia de São Nunca, uma besteirinha 'que o povo acha graça'..."[15].

Para confirmar a pouca importância atribuída pelo poeta à produção sugerida pela expressão popular, cuja idéia implícita aproveitara em versos movido apenas pelo fato de que "o povo acha graça", bastaria o diálogo de Manuel Camilo com Orígenes Lessa em 1954, que este reproduziria em 1984 em seu livrinho *A voz dos poetas*:

> "— ... O meu verso é do povo. O que o povo sente, o que o povo gosta.
>
> — Foi aí que nasceu essa maravilha que é a 'Viagem a São Saruê'...
>
> Manuel Camilo me olha desconfiado:
>
> — Como é? Esse aí? O doutor gostou?
>
> — Acho uma obra-prima!
>
> — Tá mangando comigo, companheiro. Um folhetinho à-toa que eu fiz fácil, fácil...

---

[15] Orígenes Lessa, "Segunda visita a Manuel Camilo" [1958], *in op. cit.*, p. 70. Embora o dito popular inspirador de Manuel Camilo seja explicável pela própria realidade do meio em que se forjou (seria maravilhoso se boas safras de feijão não dependessem da chuva sempre incerta), não é de descartar, na gênese da fantasia da abastança milagrosa, a persistência, no Nordeste, da crença dos indígenas brasileiros na terra "sem mal", equiparada pelos primeiros padres catequistas ao Éden bíblico. (Ver capítulo do livro de Sérgio Buarque de Holanda *Visões do Paraíso* "As origens do mundo lendário nascidas nas conquistas castelhanas", em que escreve: "Os Apapocuva representavam o seu Paraíso terreal como um sítio onde ninguém morre e onde todos encontram de sobra os mais deliciosos manjares" (*op. cit.*, São Paulo, Companhia Editora Nacional, vol. 333 da Coleção Brasiliana, 1935, p. 136).

— Não é o que diz o povo...

— Mas é um folhetinho de nada. O senhor precisa é ver o que eu estou escrevendo agora. Esse sim, é que é de sustança..."[16].

Era, aliás, o que continuava a pensar Manuel Camilo ainda em 1979 — alquebrado e pessimista, após o insulto de um enfarte —, quando do último encontro em Campina Grande com seu admirador do Rio de Janeiro, o escritor Orígenes Lessa, que assim reproduzia o tom melancólico dessa conversa de despedida:

> "Nunca entendeu, por exemplo, como é que um folheto escrito fácil, em menos de duas horas, quase em cima do joelho, falando de um país de mentira, com rios de leite, lagoas de mel de abelha, atoleiros de coalhada, açudes de vinho quinado e barreiras de carne assada, a cidade coberta de ouro, tijolos de cristal e marfim, gente sadia, alegre e forte, sem pobreza nenhuma, árvores de comida já pronta, peixe, carne, feijão (só pegar e comer), árvores de roupa feita (só pegar e vestir), árvores de dinheiro (só apanhar e gastar), tudo de ouro e cristal (sem precisão de trabalho), nunca entendeu como essa bobagem pudesse fazer mais sucesso que folhetos sérios, alguns falando em Apolo e Febo, Júpiter e Vênus. Uma coisa porém ele sabe: veio aprendendo com o tempo... É que pertence, como seus irmãos, a uma raça ilustre, raça ou espécie, mas em extinção..."[17].

---

[16] Orígenes Lessa, "Primeira visita a Manuel Camilo", in *op. cit.*, pp. 58-9. O fato de Orígenes Lessa inquirir Manuel Camilo sobre a origem de sua *Viagem a São Saruê* já nesse primeiro encontro com o poeta, em 1954, descarta o ano de 1956 geralmente aceito para a primeira edição do folheto.

[17] Orígenes Lessa, "Final melhor para São Saruê" (artigo publicado

Na verdade, Manuel Camilo dos Santos sempre aprendera tudo como resposta a suas duras necessidades, como em 1954 revelaria ao referir-se à xilogravura que servia de capa exatamente àquele seu folheto da *Viagem a São Saruê*. Após queixar-se do alto preço dos clichês, contava, em resposta à pergunta sobre a origem de sua atividade como gravador em madeira:

> "— Aprendeu com quem?
> — Com Deus. Comigo. Tudo o que eu sei aprendo de mim mesmo. Não gostou das capas de 'Valente Sebastião' e de 'Viagem a São Saruê'? Minhas. Economizei clichê".

E depois de informar que riscava o desenho sobre um "quadradinho de madeira" de cajá ou umburana, esclarecia:

> "— Mas como eu ia dizendo, quando eu acabo de riscar tudinho, fica o risco na madeira. Aí eu vou cortando com uma faca de ponta fina. A parte que eu quero que fique branca é só destacar. A gente risca aquela partesinha, fica a figura que vai aparecer na capa naquela parte que a pessoa não tirou, sá como é? Com a prática a gente não precisa de gravura nem carbono, vai direto na madeira, faca de ponta fina no cajá, fazendo o desenho. Eu já tou assim. A capa da 'Viagem' não teve risco nenhum. Foi original meu"[18].

Diante de tantas demonstrações de espontaneidade no processo de sua formação artística como poeta de cordel e ilustrador

---

originalmente no jornal *O Norte*, de João Pessoa, edição de 21/3/1979), *in A voz dos poetas*, *op. cit.*, p. 78.

[18] Orígenes Lessa, "Segunda visita a Manuel Camilo", *in op. cit.*, p. 69.

xilogravurista, não deixa de constituir uma incógnita a forma pela qual terá chegado a Manuel Camilo dos Santos — se acaso chegou — a sugestão do tema do País da Cocanha surgido no século XIII europeu. A própria originalidade do tema dentro da literatura de cordel nordestino — seja nas cantorias famosas registradas até hoje, seja nas composições de "obra feita" — não indica em princípio a existência de uma fonte tradicional conhecida, como a que normalmente identifica a maioria das produções épico-líricas dos folhetos ligados ao ciclo dos romances ibéricos do século XVI. Assim, a acreditar na versão do próprio poeta, que dava como origem de seus versos a sugestão implícita no ditado popular da região "Só em São Saruê, onde feijão brota sem chovê", pode dar-se o caso de a obra de Manuel Camilo dos Santos servir como forte argumento a favor da hipótese do historiador Jean Delumeau, ao considerar o peso exercido pela realidade da existência humana na formação dos mitos. No volume de seu *A civilização do Renascimento*, por exemplo, ao contrastar o sonho mítico dos ricos — e sua poesia pastoral e suas feiticeiras — com o dos pobres — sempre mais objetivo e preso à realidade —, parece estar falando do próprio fundamento do rifão inspirador da *Viagem a São Saruê*:

> "Os sonhos dos pobres são menos requintados. Na época do Renascimento, os humildes têm fome e sofrem duramente. Os paraísos artificiais são, portanto, para eles, principalmente, paraísos onde não é preciso trabalhar para encher a mesa de vitualhas. Assim se explica a duradoura fortuna dos países de cocanha, como o que Bocácio descreve a um ingênuo no *Decameron* (8ª jornada, 3ª novela). A região de Bigoudi é descrita do seguinte modo: 'É um país onde as videiras são atadas com salsichas e onde por um dinheiro se compra uma pata e um patinho. Há lá um monte que é todo de puro queijo parmesão gratinado; e os seus habitantes passam o tempo a fazer *maccheroni* e

> *ravioli*... Corre perto um ribeiro de vinho branco — do melhor que há — que não tem nem uma gota de água!'"[19].

Como reforço à sua proposição, Jean Delumeau lembraria a seguir a coincidência de datas entre o aparecimento dessas descrições de paraísos de fartura e as grandes crises sociais (e, aliás, esquecendo a ligação do próprio *Decameron* com a grande peste de 1348). E após recordar que o quadro *O País de Cocanha*, do pintor Brügel, o Velho, da Pinacoteca de Munique, longe de representar a "glutoneria flamenga", reflete o sonho das vítimas da realidade de Flandres, sujeita a "freqüentes fomes, epidemias e guerras", pergunta:

> "Será por acaso que esse quadro, datado de 1567, é contemporâneo da implacável repressão do duque de Alba? O ano de 1567 nos Países Baixos revoltados foi um ano de miséria. Como se não havia então de imaginar bolos a cair dos telhados, sebes feitas de salsichas, leitãozinhos já assados e com a faca com que serão trinchados, belos gansos dourados prontinhos no prato, ovos cozidos a andar com perninhas próprias? Saciados e refestelados à volta de uma mesa onde ainda estão muitas vitualhas, um soldado, um camponês e um estudante esquecem por momentos uma realidade bem oposta ao seu sonho. A Itália dos séculos XVI e XVII deixou-nos um mapa do 'país da cocanha' que mostra que todo o Ocidente necessitava desta evasão singularmente concreta"[20].

---

[19] Jean Delumeau, *A civilização do Renascimento*, vol. II, Lisboa, Stampa, s.d., p. 18.

[20] Jean Delumeau, *op. cit.*, pp. 18-9.

Roteiro em livro do filme *O País de São Saruê*, do paraibano Vladimir Carvalho, iniciado em 1966 e que, proibido pela censura da ditadura militar, teve uma única apresentação no Festival de Cinema de Brasília em 1979. Paráfrase de ironia social à história mítica medieval do "país de cocanha", revivido no Brasil em 1956 pelo poeta popular Manuel Camilo dos Santos em seu folheto de cordel *Viagem a São Saruê*.

Ao morrer "em extrema pobreza", o autor de *Viagem a São Saruê* talvez estivesse de fato demonstrando, com o exemplo de sua vida, que a realidade predomina sobre o sonho, o que o próprio poeta, aliás, poderia comprovar no filme documentário intitulado *O País de São Saruê*, em que seus versos eram ouvidos em contraponto a duras imagens da calcinada terra do sertão nordestino. Nesse filme — por sinal proibido pelo poder militar, após exibição única para os membros da Comissão Selecionadora do Festival de Brasília, em 1971 —, seu diretor, o também paraibano Vladimir de Carvalho, mostrava exatamente como a realidade se opõe à fantasia: na cena de abertura, urubus sobrevoavam a paisagem morta do alto sertão do Nordeste, enquanto soavam os versos do compositor Marcus Vinicius falando de um gavião a pairar, voando baixo, sobre "Um reino desencantado"[21].

---

[21] As informações sobre o filme *O País de São Saruê* devem-se a Wills Leal no "Livro-álbum" *O discurso cinematográfico dos paraibanos (ou a história do cinema da Paraíba)*, João Pessoa, A União, 1989.

4.
A MÚSICA POPULAR EM *SOBRADOS E MUCAMBOS*

Entre as personalidades que se pronunciaram pela imprensa, quando da morte de Gilberto Freyre, em julho de 1987, uma professora da Universidade de Campinas, a antropóloga Mariza Corrêa, foi certamente quem melhor captou o verdadeiro sentido da perda recente daquele intelectual que se autodefinira um dia como um "conservador revolucionário". Em artigo para o tablóide Folhetim, do jornal *Folha de S. Paulo*, a professora chamava atenção para uma coincidência na recente homenagem da TV Globo às figuras de Mãe Menininha do Gantois, desaparecida um ano antes, e da cantora Clementina de Jesus, morta naquele mesmo domingo do programa, um dia depois de Gilberto Freyre:

> "Tendo insistido em povoar o nosso imaginário social com figuras de segundo plano, o negro e a mulher entre outras, imagino que ele teria assistido com um sorriso irônico ao programa de domingo da Rede Globo, do qual estava ausente, e no qual eram homenageadas duas de suas contemporâneas negras mais conhecidas, a Mãe Menininha de Gantois (um ano após seu falecimento) e a cantora Clementina de Jesus, dois anos mais nova que Gilberto Freyre, e que morreu um dia depois dele"[1].

---

[1] Mariza Corrêa, "Um morto ilustre", *in* Folhetim, nº 546, encarte do jornal *Folha de S. Paulo*, de 24/7/1987, p. B-9.

Aí estava, por inteiro, no registro dessa simples coincidência, o significado mais profundo da contribuição de Gilberto Freyre ao estudo do processo sócio-histórico-cultural do Brasil: o da atribuição de voz às figuras do povo, até o surgimento de *Casa-grande & senzala* e *Sobrados e mucambos* caladas por quatro séculos de silêncio oficial.

Realmente, se lembrarmos que, ao iniciar seu painel da "Formação da Família Brasileira sob o Regime da Economia Patriarcal e o Processo de Desintegração da Sociedade Patriarcal e Semipatriarcal no Brasil sob o Regime do Trabalho Livre", a idéia antropológica predominante, no Brasil, ainda era a da desigualdade das raças, vinda do século XIX, não deixa de ser espantosa a coragem revolucionária daquele conservador, ao estender os agradecimentos aos que haviam colaborado para seu trabalho também aos "ex-escravos e pretos velhos criados em engenho — Luís Mulatinho, Maria Curinga, Jovina, Bernarda"[2].

É verdade que, desde o fim do Oitocentos, os médicos Nina Rodrigues e, depois, Arthur Ramos, na Bahia, e Ulisses Pernambucano, no Recife, interessavam-se pelo estudo dos negros no Brasil, mas vendo-os ainda apenas como objeto de curiosidade científica, o que os levava — como anotaria Edison Carneiro — a "considerar o negro como um doente ou como um débil mental"[3].

Pois é neste momento, entre a edição *post-mortem* de *Os africanos no Brasil*, de Nina Rodrigues, em 1933, e a realização do I Congresso Afro-Brasileiro, no Recife, em 1934 — presos ambos aos conceitos antropológicos do século XIX —, que surge no Rio de Janeiro o primeiro volume da trilogia de Gilberto Freyre des-

---

[2] Prefácio de Gilberto Freyre à 1ª edição de *Casa-grande & senzala: formação da família brasileira sob o regime de economia patriarcal*, Rio de Janeiro, Maia e Schmidt Ltda., 1933.

[3] Edison Carneiro, "Os Estudos Brasileiros do Negro", artigo de 1953 incluído pelo autor em seu livro *Ladinos e crioulos: estudos sobre o negro no Brasil*, Rio de Janeiro, Civilização Brasileira, 1964, p. 104.

tinada a mostrar, pela primeira vez, a figura do negro no Brasil como um ser social produtor de cultura dentro da "rotina da vida" em que — afirmava o sociólogo estreante — "melhor se sente o caráter de um povo"[4].

De fato, ao enquadrar logo depois em seu *Sobrados e mucambos*, de 1936, brancos e negros como personagens vivos e atuantes do processo histórico-social — categoria herdada da dialética marxista, que ele via sob o prisma da "síntese e não apenas da antítese"[5] —, Gilberto Freyre iria concluir que a interpretação da realidade não podia subordinar-se à aplicação de um único método, mas da abertura para uma "pluralidade de métodos ou de técnicas". E aí, com quase meio século de antecedência, anunciava já, por aquele despontar da década de 1930, a proposta de interdisciplinaridade posta em prática na França pelos seguidores da escola dos *Annales*, sob o nome de "nova história", apenas a partir da década de 1970[6].

---

[4] Prefácio à 1ª edição de *Casa-grande & senzala*, *op. cit.* Já aqui Gilberto Freyre firmava ponto de vista teórico-metodológico que o levaria a discordar frontalmente dos princípios da antropologia e psiquiatria em vigor em seu tempo, a ponto de criticar o próprio primo, Ulisses Pernambucano, por chegar a conclusões científicas sem levar em conta as diferenças econômicas, sociais e culturais entre os indivíduos examinados. Assim, sobre a comprovação da maior incidência de alcoolismo e males psíquicos entre negros, observava: "Quer nos parecer que, mesmo entre as classes pobres, atuam às vezes influências desfavoráveis aos negros — desfavoráveis ao seu sucesso ou triunfo social e sentimental no amor, por exemplo. Influências que podem muito bem intervir na sua saúde mental e na sua normalidade social da vida" (*Sobrados e mucambos*, 3º vol., Rio de Janeiro, José Olympio, 1951, pp. 1.052-3).

[5] Introdução de Gilberto Freyre à 3ª edição de *Sobrados e mucambos*, 1º vol., Rio de Janeiro, José Olympio, 1951, p. 54.

[6] Essa liberdade no emprego de métodos e de técnicas sugerida por Gilberto Freyre seria pitorescamente chamada meio século depois, por um dos fundadores do movimento francês dos *Annales*, François Furet, de "vagabondage sur tous les terrains" (artigo intitulado "En marge des Annales,

E assim foi que, ao dar voz a brancos e negros em seu levantamento sócio-histórico-cultural do Brasil, a partir de uma "rotina da vida" mostrada a deslocar-se, no tempo, do campo para a cidade, Gilberto Freyre tornou-se capaz de atentar para os seus cantos: os dos brancos, nos salões, cheios da doçura melódica quebrada de ais femininos; os dos negros, na percussão dos terreiros e mucambos, ou na batida dos berimbaus dos capoeiras das ruas.

No que se refere às modinhas dos brancos, Gilberto Freyre chegou a formular uma hipótese teórica, segundo a qual o culto da mulher nos versos de suas letras constituiria, na sociedade patriarcal, uma hábil manobra dos homens — sujeitos da História — no sentido de preservar seus privilégios pela transformação do feminino em objeto. E escrevia: "O homem patriarcal se roça pela mulher macia, frágil, fingindo adorá-la, mas na verdade para sentir-se mais sexo forte, mais sexo nobre, mais sexo dominador"[7].

O culto à mulher herdado pelas modinhas sete ou oitocentistas, em linha reta e direta das canções trovadorescas da Idade Média, encobriria agora o objetivo declaradamente político de preservar com a lisonja dos versos — da mesma forma com que a moda fazia com a "excessiva ornamentação" das fitas e dos laços — a condição de "fazer do homem senhoril o sexo dominante e de afastar a mulher de preocupações ou responsabilidades de direção ou de mando"[8].

O mais curioso é que, segundo dava a entender Gilberto Freyre — sem chamar atenção explicitamente para tal pormenor —, quem se encarregava de divulgar essas mensagens subliminares

Histoire et sciences sociales", para a revista *Le Débat*, nº 17, de dezembro de 1981).

[7] Gilberto Freyre, *Sobrados e mucambos*, *op. cit.*, 1º vol., p. 261.

[8] Gilberto Freyre, *Sobrados e mucambos*, *op. cit.*, ao comentar o estudo de Luiz Corrêa de Azevedo "A Mulher Perante o Médico", no capítulo "A Mulher e o Homem" (nota 18, ao pé da p. 335).

de dominação masculina eram as próprias mulheres, sempre convocadas à sala pelos pais ou maridos, quando havia visitas, apenas para cantar modinhas: "Da mulher-esposa, quando vivo ou ativo o marido, não se queria ouvir a voz na sala, entre conversas de homem, a não ser pedindo vestido novo, cantando modinhas, rezando..."[9].

Ora, sendo sempre homens os autores das letras e mulheres as suas intérpretes, eram elas que — ao substituir muitas vezes "canções de acalento" por melodias de modinhas em voga — acabavam por instilar o suave veneno ideológico dos seus versos, já nos ouvidos infantis:

> "Primeiro foram canções de acalento trazidas de Portugal:
>
> 'Durma, durma, meu menino'.
>
> Mas depois foram as modinhas. Modinhas já açucaradas ou adoçadas pelo Brasil. Modinhas de amor. O filho era um pouco o namorado da mãe, e às vezes da avó. Lopes Gama, em fins do século XVIII, foi mimado pela sua avó com modinhas sentimentais: 'Minha Nize Adorada', 'És Ingrata por Costume', 'Até Onde as Nuvens Giram', 'Ingrata Suspende o Golpe'. Uma ou outra mais alegre: 'Zabelinha Come Pão', por exemplo. Através do século XX as modinhas chorosas, tristes, de namoro infeliz, de amor abafado no peito, continuaram a fazer as vezes das canções de berço"[10].

Para tais interpretações ideológicas da poética do repertório da modinha popular de meados do século XIX até o início dos 1900, Gilberto Freyre contou em verdade com muito poucas fontes. Enquanto escrevia *Casa-grande & senzala*, apenas Mário de

---

[9] Gilberto Freyre, *Sobrados e mucambos*, *op. cit.*, 1º vol., p. 277.

[10] Gilberto Freyre, *Sobrados e mucambos*, *op. cit.*, 1º vol., p. 287.

Andrade lhe oferecia o suporte de seus recentíssimos *Ensaio sobre música brasileira*, de 1928, e *Compêndio de História da Música*, de 1929, vindo o estudo *Modinhas imperiais*, de 1930, a tempo apenas de servir ao sociólogo quando da continuação do seu projeto com *Sobrados e mucambos*. Gilberto Freyre demonstrava, é bem verdade, conhecer as possibilidades documentais do cordel urbano representado pela série de folhetos com letras de música popular, pois citaria expressamente na "Nota Bibliográfica" introdutória de seu *Ordem e progresso* o livreto *O cantor de modinhas brasileiras*, de Eduardo das Neves, revisto por Catulo da Paixão Cearense, na edição de 1937. Era, porém, uma amostragem muito reduzida, considerada a tradição brasileira das edições de versos cantados, inaugurada em Portugal pelo mulato brasileiro tocador de viola de cordas de arame Domingos Caldas Barbosa com sua *Viola de Lereno*, impressa na Oficina Nunesiana de Lisboa em 1798. E na parte da anotação musical iria restringir-se à coleção de partituras do professor Almir de Andrade, a quem preferia atribuir a missão de um "estudo especializado, em que aliás se acha empenhado com rara competência", tal como deixava declarado no primeiro tomo de seu *Ordem e progresso*[11].

Pois é essa ausência quase absoluta em seu tempo de estudos sobre a cultura urbana na área da música popular, o que torna ainda mais surpreendente a agudeza de certos achados de Gil-

---

[11] Gilberto Freyre, *Ordem e progresso*, 1° tomo, Rio de Janeiro, José Olympio, 1959, p. 112. Embora reconhecendo desde logo que "A projeção de tendências sociais nas modinhas, durante o longo período em que elas foram a principal expressão do Brasil, permite ou sugere que sejam consideradas material particularmente valioso para a interpretação sociológica e psicológica dessa mesma época", Gilberto Freyre se exime da responsabilidade de tal "estudo especializado". Afirma então que, no caso, só lhe interessam "alguns dos traços que mais significativamente as associaram [as modinhas] ao complexo ainda patriarcal, mas já muito penetrado de romantismo individualista, que caracterizou a ordem social brasileira, vinda do sistema escravocrata de trabalho para o livre".

berto Freyre, como o de descobrir um sinal do avanço no processo de libertação da mulher brasileira na reivindicação amorosa do "querer bem", tão recorrente desde o século XVIII nas letras das modinhas que ele se eximia de estudar em pormenor. E, de fato, ao referir-se no capítulo "A Mulher e o Homem" de *Sobrados e mucambos* à onda dos raptos de moças para casar sem o consentimento dos pais, escrevia com precisão sobre essa evidência da "ascensão da mulher": "Seu direito de amar, independente de consideração de raça ou de classe, de família, e de sangue. Sua coragem de desobedecer ao pai e à família para atender aos desejos do sexo ou do 'coração' ou do 'querer bem'"[12].

Era como se lhe soassem aos ouvidos os versos de Caldas Barbosa — a quem, no entanto, citaria no final do livro apenas como um dos quadrarões ou oitavões notáveis do Brasil — no lundu "Desprezo da Maledicência", indicador exatamente do início daquele processo de afirmação pessoal que ele por outros caminhos detectava:

"Depois que eu te quero bem,
Deu o mundo em murmurar;
Porém que lhe hei eu de fazer?
É mundo, deixa ralhar

Não te enfades menina
Deixa o mundo falar.

Sempre todos me hão de ver
Por meu bem a suspirar;
Se disto falar o mundo,
É mundo, deixa falar"[13].

---

[12] Gilberto Freyre, *Sobrados e mucambos*, *op. cit.*, 1° vol., p. 312.

[13] Domingos Caldas Barbosa, *Viola de Lereno*, 2° vol., Rio de Janei-

Mesmo sem contar com estudos específicos sobre a música popular urbana e sua história — a rigor uma novidade surgida no século XVIII exatamente com as modinhas e lundus brasileiros levados a Portugal por Domingos Caldas Barbosa —, Gilberto Freyre revelava-se capaz de garimpar, nas várias fontes levantadas para o estudo *Sobrados e mucambos*, outros indicadores muito sutis de mudanças na evolução do canto das salas, e que resultavam de uma espécie de ascensão social do gênero desde as violas populares da época colonial até os pianos burgueses do Segundo Império. Ao registrar, por exemplo, no capítulo "O Engenho e a Praça; a Casa e a Rua", que "em 1820 quem passasse pelas ruas do Rio já ouvia, em vez de violão ou harpa, muito piano, tocado pelas moças nas salas de visita, para o gozo, único, exclusivo, dos brancos das casas-grandes", acrescentava constituir o novo repertório dessas moças "em vez de modinhas, canções italianas e francesas". Era a indicação de um fenômeno sócio-cultural muito finamente captado quase um século antes, em Portugal, pela estrangeira Marianne Baillie, ao lamentar que "as senhoras de ambos os países [Portugal e Espanha] parecem mais dispostas a trocar a suavidade de suas modinhas locais pelo animado brilhantismo da música de Rossini"[14].

O único engano de Gilberto Freyre, neste ponto, foi o de — a exemplo da maioria dos tradutores dos livros de viajantes estrangeiros no Brasil oitocentista — referir-se a violão em vez de viola, que foi o instrumento predominante na música popular quase até ao final do século XIX. Erro a que teria sido induzido

ro, INL (Imprensa Nacional), 1944, pp. 70-2. O segundo volume da coletânea *Viola de Lereno* saiu apenas em 1826 (o primeiro é de 1798) pela Tipografia Lacerdina, de Lisboa, mas todos os versos são seguramente da segunda metade do século XVIII, pois o poeta-cantor e tocador de viola Domingos Caldas Barbosa morreu aos 60 anos, no dia 9 de novembro de 1800.

[14] Marianne Baillie, *Lisbon in the Years 1821, 1822 and 1823*, Londres, 2ª edição, em dois volumes, 1825.

Capa da partitura de *Mirzalina*, reproduzida na edição de 1951 de *Sobrados e mucambos*: a renúncia a "um estudo especializado" da temática tradicional das modinhas brasileiras levou Gilberto Freyre — confiando na colaboração do colecionador Almir de Andrade — a reproduzir partitura de uma composição nada representativa da "projeção de tendências sociais nas modinhas".

pelo fato de os viajantes, ante a viola luso-brasileira, chamarem-na em inglês de *guitar* e, em francês, de *guitare*, mas que poderia ter evitado se atentasse para as palavras do padre Lopes Gama ao recordar em seu jornal *O Carapuceiro* o estilo das velhas modinhas, e que ele mesmo citava com toda a oportunidade:

> "Também se tocava e cantava, não árias de Rossini ou Bellini ao piano, porém modinhas a duo, acompanhadas na cítara ou na viola"[15].

Em verdade, muitas das pequenas incorreções ou falhas de pormenor encontradas em Gilberto Freyre não lhe devem ser atribuídas diretamente, mas a importantes autores de que se socorria para citações, e que já haviam sido prejudicados, eles também, pela pobreza de informações em torno de particularidades da vida popular no Brasil. No novo capítulo com que abriria em 1951 a segunda edição refundida de *Sobrados e mucambos*, por exemplo, ao citar o hábito do cafuné entre as heranças orientais herdadas via Portugal (no caso, particularmente dos mouros), Gilberto Freyre transcrevia os versos lembrados a propósito por Pereira da Costa em seu *Dicionário pernambucano*: "Eu adoro uma iaiá/ que quando está de maré/ me chama muito em segredo/ prá me dar seu cafuné/ não sei que jeito ela tem/ no revolver dos dedinhos/ qu'eu fecho os olhos, suspiro/ quando sinto os estalinhos". Pois, como o grande estudioso pernambucano citado — aliás sempre atento à citação de suas fontes — nada esclarecia sobre a origem

---

[15] Gilberto Freyre indica apenas o ano de 1843, mas a crônica de Lopes Gama por ele citada — sob o título "O Nosso Progresso" — foi publicada na fase eventual de *O Carapuceiro* dentro do jornal *Diário de Pernambuco*, entre abril de 1832 e dezembro de 1842. A crônica é reproduzida, na íntegra, *in O Carapuceiro: o padre Lopes Gama e o* Diário de Pernambuco *1840-1845. Índices da edição autônoma 1832-1842*, Recife, Massangana, 1996, pp. 50-7.

dos versos, o sociólogo deu-os como de origem popular, escrevendo: "No seu *Vocabulário pernambucano*, Pereira da Costa recorda, a propósito desse tipo de cafuné [o da iaiá branca catando a mulata ou malungo], os versos populares: ..."[16].

Acontece, porém, que os versos lembrados por Pereira da Costa para abonar a definição de cafuné de seu dicionário, embora podendo ter chegado a seu conhecimento por voz popular, ainda em fins do século XIX, não constituíam originalmente obra anônima. Tratava-se, em verdade, do lundu intitulado "O Cafuné", com versos de autoria do poeta Eduardo Diniz Villas-Boas (carioca falecido em 1891, e incluído por Sacramento Blake em seu *Dicionário bibliográfico brasileiro*) e música de L. de Almeida Cunha (o mais constante parceiro do poeta Laurindo Rabelo).

Evidenciava-se, pois, mais uma vez, o velho problema de tomar como populares versos popularizados pela perda da memória do autor letrado, sempre responsável por enganos como o que, antes de Pereira da Costa, já havia ocorrido com Sílvio Romero, ao dar como popular em seu *Cantos populares do Brasil*, de 1893, os versos "Cajueiro pequenino/ Carregadinho de flôr;/ Eu também sou pequenino/ Carregadinho de amor" — que eram do poeta cearense Juvenal Galeno (1836-1931).

O que se tem a lamentar, no caso da citação apenas parcial por Pereira da Costa dos versos de "O Cafuné", é que, tivesse Gilberto Freyre conhecido na íntegra a letra do lundu — que se estende por oito quadras, conforme aparece no folheto vol. II da série *Trovador*, de 1876, e no terceiro tomo da coletânea *A cantora brasileira*, de Joaquim Norberto de Sousa e Silva, de 1878 — e talvez fossem mais amplas suas considerações sobre a intimidade entre os sexos nas casas senhoriais. E, inclusive, superando a barreira de classe, como ainda em fins do século XVIII dava claramente a entender Domingos Caldas Barbosa no lundu de sua

[16] Gilberto Freyre, *Sobrados e mucambos*, *op. cit.*, 3º vol., p. 802.

Viola de Lereno em que cantava: "Eu tenho uma Nhanhazinha/ A quem tiro o meu chapéu;/ É tão bela, tão galante,/ Parece cousa do Céu.// Ai Céu!/ Ela é minha iaiá/ O seu moleque sou eu"[17].

Apesar da pobreza de informações a seu dispor, Gilberto Freyre não deixou de apontar no longo capítulo "A Mulher e o Homem" de *Sobrados e mucambos* alguns indicadores das transformações urbanas que, na segunda metade do século XIX, se tornariam responsáveis por aquela popularização da produção da música sobre versos de poetas românticos, antes destinada apenas aos salões. É quando, ao enumerar as novas atividades postas "a serviço, principalmente, dos sobrados", inclui as "lojas de pianos e de música onde havia uma variedade de pianos e músicas estrangeiras a comprar para as moças das casas (casas onde já não se cantavam modinhas nem se tocava viola)"[18].

E ao indicar essa elitização dos salões, no sentido da imitação de padrões europeus, permitia o sociólogo compreender por que, pela passagem das modinhas já agora ao violão das ruas, estavam destinadas a ganhar a consagração do anonimato na voz de novos cultores: os mestiços que, ou se tornavam "romanticamente poetas, políticos, advogados, doutores, bacharéis, intelectuais brasileiros", ou iam integrar a categoria flutuante dos boêmios e capadócios:

> "Amigos das mestiças ou mulatas, os portugueses temiam nos mestiços ou mulatos — mesmo quando seus filhos — o romantismo boêmio dos brasileiros que, desdenhosos da mercancia e empolgados pelas profissões liberais, pelas belas letras, pelas belas atrizes, pelo *bel canto*, comprometessem a continuidade da riqueza feia e forte, conseguida e acumulada com es-

---

[17] Domingos Caldas Barbosa, *Viola de Lereno*, *op. cit.*, 2° vol.

[18] Gilberto Freyre, *Sobrados e mucambos*, *op. cit.*, 1° vol., pp. 321-2.

forço às vezes heróico, embora prosaico e desacompanhado de qualquer música: violão era para brasileiro. Modinhas também"[19].

De fato, como mostraria ainda Gilberto Freyre, enquanto ao moço português, preso à galé dos balcões do comércio como caixeiro, "não restava senão dizer à namorada:

> 'Não posso, meu bem, não posso,
> He impossível lá ir,
> Que o diabo do balcão,
> Não me consente sahir'"[20],

o mulato capadócio nacional contava com todo o tempo do mundo para exercitar seus talentos com pé ágil — "como foi entre nós o pé do capoeira, do capadócio, do *baiano* ou do malandro de chinelo e andar acapadoçado"[21] — ou voz em solta pelas ruas, em serenatas ao som do violão.

É pena, neste ponto, que Gilberto Freyre não tivesse aprofundado esse papel do seresteiro capadócio tocador de violão, tão bem descrito para o caso da Bahia da década de 1870 nos *Folhetins* de França Júnior, e para o caso do Rio de Janeiro na figura do malandro vendedor de jornais de modinhas, Teixeirinha, com tanta verdade retratado por Marques Rebelo em seu romance *Marafa*, de 1935.

Ainda assim, interessante é notar que, apesar da falta de enfoque especial sobre essa figura tão importante da galeria dos personagens mais representativos da "desintegração da sociedade patriarcal e semipatriarcal" gerada nas cidades, Gilberto Freyre

---

[19] Gilberto Freyre, *Sobrados e mucambos*, *op. cit.*, 2º vol., p. 509.

[20] Gilberto Freyre, *Sobrados e mucambos*, *op. cit.*, 2º vol., p. 519.

[21] Gilberto Freyre, *Sobrados e mucambos*, *op. cit.*, 3º vol., p. 873.

não deixaria de apontar-lhe sua origem histórico-social e sua psicologia, ao opor aos apadrinhados mulatos do mundo rural os marginalizados da cidade, levados a sobreviver apenas por artes e manhas da capadoçagem:

> "Esses mulatos foram os de vida mais difícil, os que, muitas vezes, se esterilizaram em capadócios, tocadores de violão, valentões de bairro, capangas de chefes políticos, malandros de beira de cais..."[22].

Continuadores de uma arte musical branco-européia, a que iriam acrescentar as características urbanas nacionais e mestiças do pernosticismo, da sensualidade molenga e sinuosa, e da sestrosidade do "mulato inzoneiro" fixado na "Aquarela do Brasil", de Ary Barroso, esses mestiços estavam destinados a permanecer num meio caminho entre a casa-grande e a senzala. E também esta particularidade, ligada à condição hierarquizada da sociedade de classes, aparece perfeitamente na forma pela qual Gilberto Freyre revela, em *Sobrados e mucambos*, a participação dos negros na produção de cantos e de ritmos ligados ao lazer.

Em primeiro lugar — e aqui sem intenção expressa —, ao referir-se à repressão policial aos batuques dos negros do Rosário pelas ruas do Recife, em meados do século XIX, Gilberto Freyre vale-se de uma nota de jornal que permite estabelecer, desde logo, o étimo de maracatu, ali reproduzido em linguagem escrita no momento mesmo de sua introdução na fala corrente, de vez que em 1813 ainda não aparecia na reedição, pelo velho Morais, do seu *Dicionário de língua portuguesa* "novamente emendado, e muito acrescentado". Ao referir-se no capítulo "Raça, classe e região" aos conflitos surgidos no bojo do rápido processo de urbanização, transcreve nota do *Diário de Pernambuco* de 11 de

[22] Gilberto Freyre, *Sobrados e mucambos*, *op. cit.*, 3º vol., p. 1.006.

novembro de 1856 em que seu redator, ao aplaudir a repressão ao ruidoso desfile dos "pretinhos do Rosário", esclarecia fazê-lo não "porque julgasse que aquele inocente divertimento era atentatório da ordem pública, mas porque do maracatu passariam à bebedeira e daí aos distúrbios..."[23]. Isso queria dizer muito claramente que a palavra maracatu — anos depois estendida para designar o hierático cortejo com que os negros recifenses fantasiariam a memória de suas nobrezas tribais no carnaval — ainda nomeava apenas um som especial dos seus batuques. Som cujo caráter estranho aos ouvidos europeus causava, no inconsciente da população branca em geral, o arrepio de secretos temores, conforme logo detectava Gilberto Freyre, com rara intuição:

> "O ar das cidades enchia-se de ruídos como que nefandos quando eram os africanos que cantavam seus cantos de trabalho, de xangô ou de maracatu, tão diversos no som e nas palavras das ladainhas cantadas nas procissões católicas, nas festas de pátio de igreja, nos terços diante dos nichos"[24].

A falta de fontes disponíveis, ainda uma vez, levou Gilberto Freyre a restringir suas observações sobre a contribuição dos negros escravos e seus descendentes crioulos às criações sonoras da cidade, ao noticiário do jornal *Diário de Pernambuco*, o que lhe permitiria concluir pela lógica da síntese cultural, como resultado necessário da pressão das elites cegas ante tudo que escapasse ao campo do "olhar europeu":

> "Desses olhos o que principalmente deveríamos esconder eram costumes africanos e batuques de ne-

---

23 Gilberto Freyre, *Sobrados e mucambos*, *op. cit.*, 2º vol., p. 696.

24 Gilberto Freyre, *Sobrados e mucambos*, *op. cit.*, 2º vol., p. 693.

gros, dança de Guiné nas ruas, sertanejos vestidos à moda regional na capital do Império. Donde a benevolência com que vem registrada, num jornal de 26 de novembro de 1856, uma 'reunião de pretos africanos' na Ponte Velha do Recife, reunião em que os negros 'arremedaram toda a etiqueta dos salões, dançaram, tocaram, conversaram, comeram e beberam na melhor ordem possível'"[25].

Tudo levando a configurar, pois, uma tendência ao menosprezo das criações culturais de caráter local que, afinal, o sociólogo resumia, sempre apoiado nos "anúncios de jornal da época":

> "Bem característico da época é o desprimor que foram adquirindo expressões estéticas e recreativas de uma cultura já brasileira — e não apenas patriarcal — como a arte da modinha cantada ao violão nas festas de família e nas serenatas e alvoradas de rua..."[26].

Era a tendência à separação entre o gosto de uma elite agora marcadamente burguesa-citadina, voltada para o equivalente de sua classe na Europa (e que no século XIX se voltaria para os Estados Unidos), e o gosto das classes populares, herdeiras definitivas das criações tradicionais, representadas na parte musical pela preservação do sentimentalismo das modinhas e do violão:

> "O mesmo ['degradação de artes e hábitos'] verificou-se com o violão, vencido de tal modo pelo piano inglês de cauda que se tornou vergonha sua presença

---

[25] *Apud* Gilberto Freyre *in Sobrados e mucambos*, *op. cit.*, 2º vol., p. 697.

[26] Gilberto Freyre, *Sobrados e mucambos*, *op. cit.*, 2º vol., p. 698.

> em casa de gente que se considerasse ilustre pela raça e nobre pela classe. Também o violão tornou-se símbolo de inferioridade social e de cultura, arrastando na sua degradação a modinha. Violão e modinha desceram das mãos, das bocas e das salas dos brancos, dos nobres, dos ricos para se refugiarem nas palhoças dos negros e dos pardos, e nas mãos dos capadócios, dos cafajestes, dos capoeiras, ao lado das rudes vasilhas de barro, das redes de fio de algodão, dos santos de cajá, das rendas e dos bicos da terra, das panelas de cozinhar caruru, das garapas de maracujá com cachaça com que a plebe se alegrava nos dias de festa"[27].

Dessa forma, o que o "conservador revolucionário" autor de *Sobrados e mucambos* demonstrava era nada mais, nada menos do que uma lição decorrente dos princípios básicos do materialismo histórico, passível de resumir-se na idéia de que, numa sociedade de classes, também a cultura é uma cultura de classes. E tudo configurando uma espécie de determinismo sócio-cultural que lhe permitiria explicar o próprio fenômeno da capoeiragem como resultado da perseguição do poder ao exercício dos mais rudimentares direitos individuais: "Pois os próprios historiadores da época que se baseiam exclusivamente, como Araújo, em informações dos arquivos policiais, salientam que o crime dos 'peraltas', dos 'capadócios' ou dos 'capoeiras' negros ou mestiços consistia em, nos 'batuques', nas 'tavernas das mais baixas ruas' ou 'nos terrenos devolutos', exercitarem-se em jogos de agilidade e destreza corporal, com imenso gáudio de embarcadiços e marujos que, entre baforadas de fumo impregnadas de álcool, gostosamente apreciavam tais divertimentos'"[28].

---

[27] Gilberto Freyre, *Sobrados e mucambos*, *op. cit.*, 2º vol., pp. 700-1.

[28] Gilberto Freyre, *Sobrados e mucambos*, *op. cit.*, 3º vol., p. 875.

E, assim, ante tal quadro traçado em *Sobrados e mucambos* para explicar o processo da criação de música para o lazer das elites e do povo das cidades no século XIX, troquem-se as árias de Rossini por CDs de música estrangeira, violões de capadócios por percussão de pagodes comerciais, e aí ressurgirá por inteiro, mais de dez anos depois de sua morte, Gilberto Freyre — um autor atual.

5.
INTERCÂMBIO BRASIL-PORTUGAL NA ÁREA DA CULTURA POPULAR

Um dos aspectos menos estudados da história das relações entre Portugal e o Brasil, desde a descoberta da nova terra em 1500, tem sido o do possível intercâmbio cultural entre as camadas populares da metrópole e de sua colônia americana.

De fato, a falta de informações sobre pormenores da vida das baixas camadas urbanas e rurais — quer na documentação oficial quer em publicações impressas (no Brasil desde logo só possível com a instalação da Imprensa Régia em 1808) — tem levado à suposição implícita da interdependência das manifestações culturais populares nos dois territórios.

O reflexo mais ostensivo dessa omissão é a insistência de dicionaristas e colaboradores de enciclopédias em registrar como portuguesas músicas e danças (a fofa e o fado, por exemplo) passíveis de documentar como criações negro-brasileiras, através de papéis administrativos (correspondência entre autoridades) ou religiosos (inquirições da Inquisição).

Tais imprecisões parecem prender-se, no fundo, à falta de observação de duas circunstâncias sócio-histórico-culturais que a boa interpretação de informações, diretas e indiretas, permite apontar como muito mais importantes do que se tem imaginado: a semelhança entre a composição étnica das baixas camadas de Lisboa e dos dois maiores centros urbanos da colônia — Salvador e Rio de Janeiro — até pelo menos o fim do século XVIII, e o dinamismo do intercâmbio entre o povo miúdo dos dois continentes, através da ida de escravos domésticos para Portugal, levados por famílias egressas do Brasil.

Se alguma dúvida pudesse ser levantada, aliás, quanto à existência do intercâmbio de criações culturais, a partir de pelo menos fins do século XVII, entre o povo de Portugal e o de sua colônia do Brasil, seria um autor português de folhetos de cordel, Frei Lucas de Santa Catarina (1660-1740), quem se encarregaria de o confirmar, ao registrar em seu *Anatomico Jocoso*, descrevendo um dia de festa no bairro popular lisboeta da Alfama de seu tempo:

> "Do Brasil em romaria
> Os sons vêm ali descalços.
> Criam-se ali, ali crescem.
> E dali se vão passando
> Pouco a pouco para as chulas,
> Piam piam para os mulatos"[1].

Tal como claramente se pode perceber, criadas na colônia por negros descalços, as alegres danças batucadas de terreiro — que os brancos europeus não tardariam a estilizar nas tabernas e depois em palcos de teatro, fundindo-as com outras em moda, como o fandango importado da Espanha — logo se espalhavam pelos bairros populares da Corte, também eles redutos de gente matizada por séculos de cruzamento racial.

No Brasil, a mais antiga referência expressa ao aparecimento de uma dessas modernas criações da massa urbana já diversificada da era do comércio atlântico, apareceria em versos do satírico Gregório de Matos Guerra, escritos na Bahia entre 1679 (quando chega de seus estudos em Coimbra) e 1694 (ano de sua expulsão para Angola). Nesses versos o poeta indicava movimento cultural no sentido contrário ao registrado em Lisboa pelo

---

[1] "Entrada quinta para as festas de N. Senhora do Cabo", de Frei Lucas de Santa Catarina (1660-1740), *in* vol. III da série de folhetos sob o título de *Anatomico Jocoso*, Lisboa, Na Oficina do Doutor Manuel Alvarez Solano, 1758, p. 209.

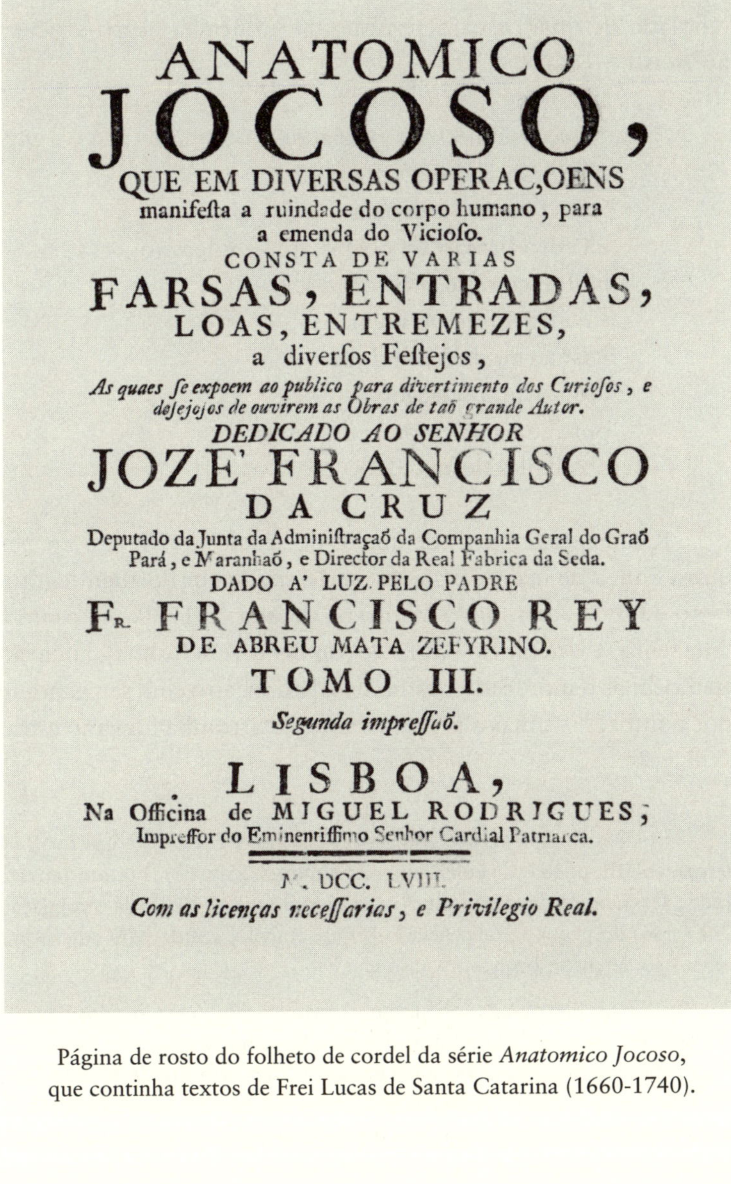

ANATOMICO
JOCOSO,
QUE EM DIVERSAS OPERAC,OENS
manifeſta a ruindade do corpo humano, para
a emenda do Vicioſo.
CONSTA DE VARIAS
FARSAS, ENTRADAS,
LOAS, ENTREMEZES,
a diverſos Feſtejos,
As quaes ſe expoem ao publico para divertimento dos Curioſos, e deſejoſos de ouvirem as Obras de taõ grande Autor.
DEDICADO AO SENHOR
JOZE' FRANCISCO
DA CRUZ
Deputado da Junta da Adminiſtraçaõ da Companhia Geral do Graõ
Pará, e Maranhaõ, e Director da Real Fabrica da Seda.
DADO A' LUZ PELO PADRE
FR. FRANCISCO REY
DE ABREU MATA ZEFYRINO.
TOMO III.
Segunda impreſſaõ.

LISBOA,
Na Officina de MIGUEL RODRIGUES;
Impreſſor do Eminentiſſimo Senhor Cardial Patriarca.

M. DCC. LVIII.
Com as licenças neceſſarias, e Privilegio Real.

Página de rosto do folheto de cordel da série *Anatomico Jocoso*, que continha textos de Frei Lucas de Santa Catarina (1660-1740).

também irreverente Frei Lucas, pois, ao anunciar o aparecimento na Bahia de uma dança chamada arromba, podia observar o fato de a referida dança não incluir em sua coreografia o costumeiro rebolado de quadris característico da influência negro-africana no Brasil:

> "tocou-se um som excelente,
> que Arromba lhe vi chamar.
> Saiu Temudo a dançar
> e Pedro [irmão do poeta], que é folgazão
> bailou com pé, e com mão,
> e o cu sempre no lugar.
> Pasmei eu da habilidade
> tão nova, tão elegante,
> porque o cu sempre é dançante
> nos bailes desta cidade"[2].

Realmente, a partir de inícios do século XVIII, não apenas outra dança de negro, o gandu, seria citada em Portugal em folheto da série *Anatomico Jocoso* na década de 1730 — "Junto à cruz [então existente no bairro de São Bento, em Lisboa], andavão os mochilas [empregados domésticos] ao socairo com seu gandum por pontos"[3] —, mas a própria dança do arromba (que tão estra-

---

[2] *Obras Completas de Gregório de Matos: Sacra-Lírica-Satírica-Burlescas*, vol. III, p. 591, da edição em sete volumes, Salvador, Editora Janaína Ltda., 1969, organizada por James Amado com base no códice da recopilação dos versos do poeta pelo licenciado Pereira Rabelo, cedido para edição por seu então detentor, professor Celso Cunha.

[3] "Festas heroicas da sobrelevante Irmandade da Vera Cruz dos Poyae", sem assinatura, mas de Frei Lucas de Santa Catarina, cujos folhetos da série *Anatomico Jocoso* apareciam sob o nome Fr. Francisco Rey de Abreu Matta Zeferino, vol. I, Lisboa, Na Oficina do Doutor Manuel Alvarez Solano, 1755, p. 278 (1ª edição em 1752 sob pseudônimo de Doutor Pantaleão de Escarcia Ramos). Além de Frei Lucas de Santa Catarina, referiram-se pela mesma

Geraldo, cançonetista que se apresentou no teatro musicado carioca em dupla, primeiro, com a gaúcha Nina Teixeira e, depois, com a portuguesa Alda Soares. A partir da década de 1920 atua em Portugal, onde grava discos e tem várias músicas editadas.

nha parecera a Gregório de Matos, e até hoje consta como portuguesa) seria incluída em documento setecentista da Inquisição nas Minas Gerais entre "as modas da terra". Entre os papéis das inquirições realizadas pela Inquisição na região das Minas em 1738 constaria, de fato, a condenação de três padres que, desfilando em carro enfeitado de folhagens durante as festas do Espírito Santo, na Freguesia de Nossa Senhora de Nazaré da Cachoeira, haviam-se exibido tocando viola, e trazendo "entre si no mesmo carro uma criada forra do Ouro Preto vestida de homem cantando o Arromba e outras modas da terra"[4].

O clima para o advento de tal tipo de troca de informações culturais nitidamente marcadas de influência africana, entre Brasil e Portugal, tem uma explicação nem sempre posta em relevo, mas historicamente muito fácil de demonstrar. Para começar, o contato direto de portugueses e espanhóis com negros africanos na Península Ibérica remontava ao século XV, pois entre as mercadorias negociadas desde os tempos do rei d. Afonso V (1438-

---

época ao gandu, em Portugal, o poeta José Cardoso da Costa no soneto "A uma negra vendo-se a um espelho" ("Pois para tal negrura como tu,/ Nesse lugar é bem que ver-se vá/ Lá nos reinos escuros do Gandu"), Soneto VI do livro *Musa pueril*, Lisboa, Oficina de Miguel Rodrigues, 1736, p. 325; e ainda José Pedro da Silva Zambrinense na paráfrase ao mesmo soneto sob o título "Versos a uma negra vendo-se a um espelho" ("É mui justa razão que agora vá/ Buscar espelho ao baile de Gandu"), publicado no folheto *Desenfado do Povo*, *in* "Provas e Suplemento à História Annual", tomo 2.614, Lisboa, Arquivo Nacional da Torre do Tombo (coletânea de folhetos de cordel publicados entre 1746 e 1748).

[4] *Apud* Francisco Vidal Luna e Iraci Del Nero da Costa, *in Minas Colonial: economia e sociedade*, São Paulo, FIPE/Pioneira, 1982, p. 82, em que reproduz trechos dos livros de devassas da série "Visitação do Santo Ofício da Inquisição", do acervo da Cúria Metropolitana de Mariana, Minas Gerais. O mesmo livro manuscrito "Devassas-1738", em que se relata o acontecimento citado às fls. 107, 107v e 108, foi também em vários trechos reproduzido por Laura de Mello e Souza *in Desclassificados do ouro: a pobreza mineira no século XVIII*, Rio de Janeiro, Graal, 1982.

1481) no Norte da África com mercadores florentinos, venezianos e genoveses já figuravam escravos (muitas vezes africanos trocados por mouros, e que os muçulmanos traziam do interior do continente). E isso enquanto, por parte da Espanha, o rei Henrique III (1390-1406) mantinha há tempos tão ativo tráfico até às Canárias, que o cronista sevilhano José Bermejo poderia escrever:

> "A navegação dos portos de Andaluzia para as costas de África em fins do século XIV e princípios do XV em busca de escravos negros, para traficar com eles como então se fazia nesta cidade, trouxe para ela tantos homens desse tipo, que com o tempo seu número chegou a ser enorme"[5].

Assim, como o início da navegação de conquista portuguesa em terra de negros, além do rio Senegal, coincidiu com a expulsão definitiva dos mouros da Península Ibérica — a queda de Granada deu-se no mesmo ano da descoberta da América pelos espanhóis financiadores de Colombo, em 1492 —, Lisboa e Sevilha, ao reforçarem sua posição de entrepostos comerciais, só fariam crescer o número de vagabundos, valentões, criminosos ou simplesmente pícaros, destinados a formar ao lado dos escravos negros (e logo crioulos e mulatos) o público das diversões urbanas. Danças e cantorias que, também no caso de Castela, vinham igualmente muitas vezes das colônias, a exemplo da sarabanda ou da "chacona mulata" citada por Quevedo, e da qual Lope de Vega (1562-1635) chegaria expressamente a indicar a procedência, ao escrever em seus versos que "De las Indias a Sevilla/ ha venido por la posta".

No que se refere ao fenômeno da iniciativa nas criações de cantos e danças, do lado português, a maior presença da colônia

[5] José Bermejo, *História de las cofradías de esta ciudad*, Sevilla, s.d., p. 398.

brasileira desde o Seiscentos não oferece dúvida, pois além das indicações encontradas em Gregório de Matos, duas diferentes referências impressas da segunda década do Setecentos o comprovam, com diferença de apenas um ano entre elas. É que não apenas em seu *Peregrino da América*, de 1728, o moralista Nuno Marques Pereira, ao citar "danças desonestas e músicas profanas, que hoje se usam", acrescenta que "outras muitas músicas desonestas tenho ouvido cantar"[6], mas, em folheto de 1729, um "licenciado" iria se referir, ainda na Bahia, a "cantigas, e modas da terra em que he abundante o paiz"[7]. E a explicação para tal fenômeno estaria quase certamente em que, dada a menor capacidade de controle do comportamento social na colônia, face à precariedade do aparelho repressivo oficial, seria exatamente nesta, e não na metrópole, que se reuniria o maior número de condições para a efetivação da criatividade popular.

Não seria de estranhar, pois, que, ainda em meados do século XVIII, o redator português de um folheto de cordel do tipo vendido por cegos pelas ruas de Lisboa tenha vindo revelar, no próprio título, a procedência de nova dança de origem negra: *Relação da fofa que veio agora da Bahia*. Ainda hoje figurando nos dicionários como dança portuguesa, era no entanto o próprio autor do folheto, oculto sob as iniciais C. M. M. B., quem não

---

[6] Nuno Marques Pereira, *Compêndio narrativo do peregrino da América*, 6ª edição completada com a 2ª parte, até agora inédita, acompanhada de notas e estudos de Varnhagen, Leite de Vasconcellos, Afrânio Peixoto, Rodolfo Garcia e Pedro Calmon, em dois volumes, Rio de Janeiro, Publicações da Academia Brasileira, 1939, vol. I, pp. 214-7.

[7] *Diário histórico das celebridades, que na Cidade da Bahia se fizerão em ação de graças pelos felicíssimos casamentos dos sereníssimos senhores principes de Portugal e Castela...* "Escrito pelo licenciado José Ferreira de Matos tesoureiro mór da mesma Sé da Bahia", Lisboa Ocidental: Na Oficina de Manoel Fernandes da Costa, Impressor do Santo Ofício, 1729. Folheto da Coleção Barbosa Machado, da Biblioteca Nacional do Rio de Janeiro.

deixava dúvida não apenas quanto à origem da novidade, mas a sua condição de criação popular urbana, ao apresentá-la como "Som do Brasil com propriedade para vodas e galhofas"[8].

Uma análise do texto desse folheto de cordel escrito no mais típico estilo do barroco tardio, e impregnado de silogismos apodíticos que traíam a educação religiosa retórico-dialética do tempo ("Todo o som que tira negras da casa de seu senhor é travesso: o fandango de Sevilha tira negras da casa de seu senhor: logo é travesso"), revela aliás claramente como se dava o processo de incorporação de tais novidades americanas ao conjunto da sociedade. E, de fato, após dar a "Fofa da Bahia" como "som da casa da Fortuna, he som de porhialem", o autor passava a explicar (a "decifrar melhor") dever entender-se isso como diversão de gente de baixa condição, embora já incorporando brancos e mestiços da cidade: "é o som do marujo, do galego, do moço de servir, da inquietação e da balbúrdia, dos barulhos, e das traficâncias"[9].

Na entusiasmada descrição da dança, esse pormenor de classe era ainda reforçado não apenas com a informação de que "He a Fofa da Bahia também o melhor som, que ha na maromba da chulice", mas na indicação precisa do grupo étnico com que mais diretamente se relacionava: "Apenas a ouve tocar a Preta, já está no meyo da casa a bailar sem socego. Apenas a ouve o preto, já está, como doudo a dançar, como uma carapeta, e não sossega também, sem sair a terreiro. Ora viva a Fofa da Bahia, que faz desafiar o Preto, e a Preta, para dançar"[10].

---

[8] *Relação da fofa que veio agora da Bahia e o fandango de Sevilha, aplaudido pelo melhor som, que há para divertir malancolias e o cuco do amor vindo do Brasil por folar, para quem o quiser comer. Tudo decifrado na Academia dos Extremosos.* Por C. M. M. B. Catalumna. Na imprensa de Francisco Guevaiz. Exemplar do acervo da Seção de Música da Biblioteca Nacional do Rio de Janeiro.

[9] *Idem*, p. 3.

[10] *Idem, ibidem.*

RELAÇAÕ

DA

FOFA

QUE VEYO AGORA DA BAHIA,

E O

FANDANGO

DE SEVILHA,

Applaudido pelo melhor som, que ha para divertir malancolias

E O

CUCO DO AMOR

Vindo do Brafil por Folar, para quem o quizer comer.

Tudo decifrado, na Academia dos Extromozos.

POR C. M. M. B.

CATALUMNA:

En la Imprenta de Francifco Guevarz.

Frontispício da *Relação da fofa que veio agora da Bahia*: uma das mais antigas referências impressas à música brasileira, já no título registra a verdadeira origem desta que ainda hoje é erroneamente classificada pelos dicionários como "dança portuguesa".

É essa identidade étnica na composição das camadas populares na metrópole e na colônia que irá permitir, aliás, quando do aparecimento, ainda pelos meados do século XVIII, de uma nova dança brasileira chamada lundu, sua rápida absorção pela sociedade portuguesa, a ponto de transformar-se em número quase obrigatório no teatro de entremezes de Lisboa, para finalmente chegar aos salões tão estilizada que podia ser incluída entre as "modinhas do Brasil".

Tal como iria acontecer posteriormente com sua derivada dança do fado, a grande novidade do lundu estava em que, ao lado da característica negra da umbigada — admitida de forma mais explícita do que antes no fandango espanhol e na fofa brasileiro-portuguesa —, essa nova modalidade coreográfica incluía sempre o canto.

A mais antiga referência expressa ao lundu canto e dança em Portugal aparece em um entremez atribuído a Leonardo José Pimenta e Antas, *Os Casadinhos da Moda*, de 1784. É na cena em que dona Tarela, filha do conservador velho Pandorga, ao ouvir vindo da rua o pregão da negra vendedora de caranguejos, sente "desejo" (estava grávida de seis meses). Pois tão logo entra a preta com suas mercadorias, o cabeleireiro chamado para o casal (dona Tarela era casada com um casquilho ou grã-fino) convida a negra para dançar a fofa, o que ela aceita, mas preferindo o lundu: "Baia blanco os Lundum, faze os gaiofa./ Vozo canta tão be?". Desafiado sobre se sabia também cantar o lundu, o cabeleireiro branco diz: "Anda lá, canta, e baila, que eu te sigo". E, então, à indicação de cena "Cantão os dois", vêm os versos cantados pelos dois enquanto dançam o lundu:

> "Todo os Pleta tem seu Pleto
> Que dá malufo e macaia
> [malufo: cachaça; macaia: fumo]
> Vai nos fessa dos Talaia
> [festa de N. S. da Atalaia]
> E baia os Fofa e Lundum.

Que gosso, que fessa,
Bolir cos cabeça,
Oiar dos macaco
Mexer cos mataco
[do ambundo *mataku*: nádegas]
Com todo os primoro
Ao som dos tamboro
Que faze tum tum"[11].

A cena, aliás, cresce de importância como documento de costumes revelador da influência africana na própria fala coloquial portuguesa oitocentista quando, tão logo terminada a dança do lundu, o conservador dono da casa, o velho Pandorga, exclama escandalizado: "Eis aqui porque hum homem banza, e falla: Chegou a minha casa a ser sanzalla!".

Não havia dúvida, pois, de que se uma casa burguesa de Lisboa daquela segunda metade do Setecentos chegava em meio a umbigadas do lundu a parecer uma senzala, o ritmo dos lundus — que logo passariam a ser cantados à viola nos salões aristocráticos por um mulato brasileiro, Domingos Caldas Barbosa — não deixaria de incorporar as características básicas da dança de compasso binário e síncopas saltitantes. Ou, como modernamente resumiria Oneyda Alvarenga em seu *Música popular brasileira*: "parte de estrutura declamatória, com valores rápidos e intervalos curtos (estrofe), a que se segue uma outra de caráter coreográfico nítido, e sincopada (refrão)"[12].

O fato é que, mesmo sem ter conseguido ultrapassar a barreira das convenções da boa sociedade setecentista, ante aquela saudável rudeza das suas umbigadas (um francês residente em Lis-

---

[11] *Entremez intitulado Os Cazadinhos da Moda*, Lisboa, Na Of. Patr. de Francisco Luiz Ameno, 1784, p. 11.

[12] Oneyda Alvarenga, *Música popular brasileira*, Porto Alegre, Globo, 1960, p. 151.

boa afirmava em 1796 que "nenhuma senhora de família assistia à dança da fofa, ou chula" por causa de suas posturas eróticas[13]), o lundu — tal como depois o fado — acabou por seduzir as mesmas elites quando sua parte cantada se transformou em canção acompanhada à viola.

Segundo testemunho de um misterioso inglês (o A. P. D. G. com que assinou seu livro não foi decifrado até hoje), morador em Portugal de 1793 a 1804, e de 1809 a cerca de 1825 (em 1808 esteve no Brasil), a música que lhe parecia mais autenticamente portuguesa era exatamente o lundu. No capítulo XII de seu livro *Sketches of Portuguese life, manners, costume and character*, de 1826, escrevia A. P. D. G. a propósito das "Diversões portuguesas":

> "A música executada pelos portugueses em sua viola de cordas de arame [wire string guitar] são, no geral, valsas, landuns [sic] e acompanhamento de modinhas. As valsas, normalmente de autores locais, são sempre muito bonitas e muito impregnadas da languidez do estilo nacional. De todas essas músicas, o que há de mais português são os landuns, e o tipo de viola que usam não poderia ser mais apropriado para tal. A boa execução do gênero pede dois instrumentos; um que executa o tema ou motivo, à base de simples arpejos, outro que improvisa as mais deliciosas passagens modulatórias sobre ele. Em tal tipo de música, toda a ênfase recai sobre a imaginação musical, que pode soltar-se livremente, pois não entra voz. Quando existe canto, também os versos costumam ser improvisados.

---

[13] M. Dumouriez (que seria J. B. F. Carrère), *Tableau de Lisbonne en 1796 suivi des lettres écrites de Portugal sur l'état ancient et actuel de ce royaumme*, Paris, J. J. Jansen, Imprimeur-Libraire, 1797, p. 70. Note-se que Dumouriez afirma no Prefácio ter conseguido obter as informações que desejava fazendo-se passar por tolo: "ma nullité reconnue a été mon salut" (*op. cit.*, p. 9).

> Sempre revestida de ternura e melancolia, o clima dessa música chega a tal ponto que pude ver lágrimas brotarem nos olhos de pessoas mais sensíveis, ou que mais se identificavam com os versos"[14].

Essa excelente e oportuna descrição do inglês A. P. D. G., sobre mostrar como as músicas palacianas e dos salões da burguesia portuguesa oitocentista começavam a aproveitar o ritmo e os temas dos cantos da dança do lundu, serve ainda para explicar o sucesso que, desde o renascimento da vida social posterior ao terremoto de 1755, veio a conseguir em Lisboa o mulato brasileiro Domingos Caldas Barbosa, especialista exatamente em versos de modinhas e lundus cantados à viola de cordas de arame.

Nascido no Rio de Janeiro por volta de 1738 (ao morrer, a 9 de novembro de 1800, passava pouco dos 60 anos, segundo consta), o poeta tocador de viola popular chamou a atenção dos contemporâneos, a partir do reinado de d. Maria I, pelo que trazia de novo à música dos saraus do tempo: a adaptação, para as cordas da viola, do ritmo sincopado característico da percussão que animava a dança colonial do lundu, e a que ajuntava no acompanhamento um bordado de arpejos colados à linha melódica da voz.

Os lundus de Domingos Caldas Barbosa ficariam, aliás, tão marcados por seu estilo e personalidade, que quase com certeza se pode atribuir à sua autoria uma "modinha" (os dois gêneros importados do Brasil se confundiam, na interpretação do mulato carioca) de um caderno manuscrito de finais do século XVII — *Modinhas do Brazil*, guardado na Biblioteca da Ajuda — e em cujos versos finais já se dava notícia da existência de outra dança de origem negro-brasileira destinada a virar canção em Portugal: o fado.

---

[14] A. P. D. G., *Sketches of Portuguese life, manners, costume and character*. Ilustrado por vinte pranchas coloridas, Londres, impresso para Geo. B. Whittaker, 1826, pp. 221-2. Tradução do autor.

"Se Sinhá quer me dar,
eu lá vou pa apanhar
vem ferir vem matar
teu nigrinho aqui está
mas depois de apanhar
quer fadar com Iaiá"[15].

A dança chamada de fado, de coreografia semelhante ao lundu, mas com seus movimentos subordinados à alternância dos cantos do tocador de viola, surgiu no Rio de Janeiro de fins do século XVIII como uma espécie de apropriação definitiva, por parte dos brancos da colônia, do que genericamente se considerava "danças de negros".

Possível criação de moradores de pequenos centros urbanos da área rural, e logo de componentes das camadas baixas da corte carioca — até a primeira metade do século XIX ainda algo provinciana, com pomares nos quintais, terrenos vagos e largos adros diante das igrejas —, a dança, ou danças do fado estavam destinadas a levar para as salas um pouco da movimentação dos terreiros, como aliás se dera na Europa com as contradanças e quadrilhas.

Embora, como se viu, já conhecida em Portugal desde final do Setecentos, seria o regresso do rei d. João VI e sua corte para Lisboa, em 1821, o responsável pela mais ampla difusão das cantigas dos fados pelas camadas da classe média de Lisboa. E assim foi que, inicialmente dançado em terreiros e tabernas (inclusive

---

[15] *Modinhas do Brazil*, caderno manuscrito de 32 páginas numeradas de 1 a 32, catalogado na Biblioteca da Ajuda sob indicação MS. 1596. A modinha de nº 16 do caderno começa com os versos "A saudade que no peito/ tenho de não ver amor". As quatro páginas com a notação dessa modinha são reproduzidas pelo professor norte-americano Gerard Béhague como ilustração de seu artigo "Biblioteca da Ajuda (Lisbon) Mss. 1595/ 1596: Two Eighteenth-Century Annonimous Collections of Modinhas", publicado no vol. IV do *Yearbook* do Inter-American Institute for Musical Research, Tulane University, New Orleans, 1968, pp. 44-81.

segundo o estilo adotado nas rodas de pernadas cariocas, agora sob o nome de fado batido), ao desprezar-se progressivamente essa sua parte coreográfica em favor dos intermédios cantados, acabaria num curioso processo de ascenção social por passar a curiosidade dos salões aristocrático-burgueses de Lisboa, até repopularizar-se já apenas como canção sentimental, sob a forma de "fado português".

Tal apropriação da criação popular brasileiro-lisboeta do fado pelas elites, aliás, nada mais faria do que reproduzir o que, com pouca anterioridade, acontecia também com a modinha, tanto em Portugal — para onde fora levada pronta na segunda metade do século XVIII pelo mulato brasileiro Caldas Barbosa —, quanto no Brasil, onde a partir dos músicos da capela de d. João, até a geração dos compositores de escola parceiros da primeira geração de poetas românticos, seria transformada em quase árias de óperas.

Se é inegável a procedência popular do lundu cantado e dançado, não haveria como excluir, afinal, também no caso da modinha, a presença das síncopas características da música negro-brasileira, apesar da ênfase que nelas se daria à parte melódica, inegavelmente de caráter europeu.

Assim é que, mesmo quando cantadas em dueto, com recursos vocais de estilo lírico, o exame das músicas do caderno manuscrito das *Modinhas do Brazil* descoberto em 1963 na Biblioteca da Ajuda, em Portugal, permitiria ao professor da Universidade de Austin, nos Estados Unidos, Gerard Béhague, concluir:

> "Embora sejam todas modinhas 'a duo' com tendência a manter relação silábica com o texto no acompanhamento, apresentam, no conjunto, sincopado sistemático na linha de canto, o que talvez explique o chamado estilo 'vulgar' das modinhas"[16].

---

[16] Gerard Béhague, *op. cit.*, p. 59. Tradução do autor.

Tal peculiaridade da persistência das síncopas detectada pelos musicólogos, inclusive em pautas escritas por músicos de escola, confirma que tais heranças africanas aculturadas no Brasil e em Portugal, se nem sempre apareciam nas interpretações de cantores e instrumentistas mais refinados dos salões (a ponto de confundir estudiosos do gênero, como Mário de Andrade), certamente constituíam o encanto maior dos tocadores populares. E, aliás, se no Brasil, onde a modinha surgiu, não se encontra prova disso, é ainda o silencioso processo de troca de informações no plano popular, entre colônia e metrópole, que permite descobrir em Portugal, ainda em fins do século XVIII, os indícios mais claros da verdade em relatos bem-humorados da literatura de cordel. Realmente, na Parte CX da série de folhetos sob o título de *Almocreve de Petas*, seu redator — o também autor de entremezes de teatro José Daniel Rodrigues —, ao descrever as peripécias de um malandro lisboeta, afirmaria que além de compor versinhos e cartas amorosas para os amigos, o curioso personagem ainda conseguia um dinheirinho extra cantando e tocando em casas de gente simples modinhas de "tliquitó":

> "... ora este bom traste tambem se ajudava com os pequenos ganhos da guitarra [nome de então para a viola] em que toca modinhas, de *tliquitó*, e hia a funções destas de três ao dia; fazia sua cartinha de amores aos seus amigos, fazia-lhes o seu versinho em que respirava muito a natureza, e com pontinho, e nos bicos dos pés para não fazer despeza com os tacões dos Çapatos"[17].

Embora a palavra tliquitó não figure nos dicionários, a descrição desse personagem antecipador dos futuros fadistas de Por-

---

[17] *Almocreve de Petas*, Parte CX, tomo III da edição: Lisboa, Na Oficina de J. F. M de Campos, 1819.

ALMOCREVE DE PETAS,

OU

MORAL DISFARÇADA,

PARA CORRECÇÃO DAS MIUDEZAS DA VIDA,

POR

JOSÉ DANIEL RODRIGUES DA COSTA,

ENTRE OS PASTORES DO TÉJO,

JOSINO LEIRIENSE.

Ao Espelho se compõe
A Dama desvanecida,
Serve a Critica de Espelho,
A' desordenada vida.

TOMO III.

SEGUNDA EDIÇAÕ.

LISBOA:

NA OFFICINA DE J. F. M. DE CAMPOS.

1819.

Com licença do Desembargo do Paço.

Página de rosto de folheto da série *Almocreve de Petas*, que continha textos do português José Daniel Rodrigues da Costa.

tugal (os malandros participantes de rodas de fado batido, à base de pernadas) permite concluir, ante a sugestão onomatopaica, que o personagem oferecia a seu público popular um som à base do sonoro tliquitó das cordas de arame, tocadas naturalmente no estilo vivo e alegre do rasgado.

A prova final, porém, não apenas do cultivo em meios populares de lundus e modinhas, mas da semelhança que haveriam de apresentar os dois gêneros no Brasil e em Portugal, por efeito do intercâmbio cultural popular já secular, seria oferecida pelo mesmo José Daniel Rodrigues ao lançar, por seu *Almocreve de Petas*, a idéia da divulgação de quadrinhas para quem as desejasse musicar. E foi assim que, como sua série de folhetos de cordel (posteriormente reunida em três tomos editados de 1817 a 1819) chegaria também ao Brasil, o próprio lançamento do lundu em disco, no Rio de Janeiro, estava destinado a reatar em pleno século XX com a gravação da composição "Isto É Bom", de Xisto Bahia (1841-1894), a velha ligação atlântica entre as antigas metrópole e colônia. É que, ao propor na Parte XV do seu *Almocreve de Petas*, correspondente a julho de 1797, uma série de versos para serem musicados, uma das quadrinhas estaria destinada a encontrar no Brasil, mais de um século depois, a mais inesperada repercussão:

> "Vendo-se o Editor sem obra alguma de Poesia capaz de por na presença de V.V.m.m., projetou a seguinte Quadra:
>
> Se eu brigar com meus Amores,
> Não se intrometa ninguem
> Que acabados os arrufos
> Ou eu vou, ou ela vem"[18].

---

[18] *Almocreve de Petas*, Parte XV, tomo I, pp. 5-6.

Baiano: cantor pioneiro das gravações em disco no Brasil. Gravou o lundu "Isto É Bom", de Xisto Bahia, que aproveitou quadra de José Daniel Rodrigues da Costa, de fins do século XVIII, conforme indica o *Almocreve de Petas*.

Realmente, quando em 1902 o tcheco Frederico Figner lançou no Rio de Janeiro a novidade dos discos de gramofone sob a marca Zon-O-Phone (e logo depois sob o selo Odeon), a primeira gravação em disco 10.001 seria a do lundu "Isto É Bom", em que o intérprete Baiano começava cantando

"O inverno é rigoroso,
Já dizia a minha avó
Quem dorme junto tem frio
Quanto mais quem dorme só"

para, logo em seguida ao estribilho "Isto é bom/ Isto é bom/ Isto é bom que dói", atacar com os mesmos versos sugeridos em Portugal em 1797 por José Daniel Rodrigues:

"Se eu brigar com meus amores
Não se intrometa ninguém
Que acabados os arrufos
Ou eu vou ou ela vem".

Tal como seria tão comum acontecer mais tarde — firmando prática reconhecida no campo da moderna produção de música de consumo —, Xisto Bahia não terá resistido à graça da quadrinha certamente ouvida na segunda metade do século XIX em seu estado da Bahia, talvez já transformada em "motivo popular", incorporando-a sem cerimônia à letra do seu lundu.

Era o momento em que se atingia, afinal, o ponto culminante do processo quase três vezes secular de troca de informações culturais populares, assim conduzido, imprevistamente, ante o advento da era das gravações em disco, à criação do que hoje se chama de música popular, exatamente com o produto de uma parceria luso-brasileira intitulada — tão à propósito — "Isto É Bom".

6. A MEMÓRIA MILENAR DOS PASTORIS BRASILEIROS

As festas profano-religiosas populares agrupadas pelos estudiosos do folclore brasileiro no chamado *ciclo natalino* representam, na verdade, a sobrevivência de uma das mais antigas manifestações coletivas de reverência ao sagrado da história humana: a visita aos locais indicadores da presença do poder sobrenatural e, portanto, julgados délficos, divinos.

Com o advento do cristianismo, a crença de que o próprio local do nascimento do filho de Deus fora universalmente anunciado pelo fenômeno do aparecimento de um cometa — o que permitiria aos peregrinos, como os Reis Magos, dirigirem-se a Jerusalém para um primeiro rito de adoração — criaria, em conseqüência, pelo correr da Idade Média, o hábito das romarias de fiéis a distantes santuários (tal como as dos antigos aos oráculos).

Assim, não terá sido surpresa que, pela altura do século XV, aparecesse na Península Ibérica a espécie de ritual ao mesmo tempo festivo e religioso-popular, que consistia em a gente da área rural deslocar-se em ranchos de fiéis, cantando e dançando alegremente, para uma visita de adoração ao Senhor nascido, no ambiente previamente preparado, nas igrejas de suas vilas, sob a forma de presépios.

Inicialmente não admitidos no interior das igrejas em face do caráter festeiro da função ("... / cantaron, bailaron,/ trocaron, y hicieron/ mudanzas y bailes en son festival"), os grupos de foliões vilãos — cujos estribilhos cantados em coro e dançados ao som de violas e pandeiros logo, por isso, seriam chamados de vilancicos — passaram no século XVI a interessar aos mestres de capela, que em parceria com poetas começariam a glosar-lhes os refrões em coplas descritivas, quase teatrais. E foi assim que os vilancicos entraram na Igreja e transformaram-se em música sacra, de caráter polifônico (solo, dueto ou trio, muito elaborado, com resposta coral, seguido de coplas cantadas por solistas), até sua proibição em todos os templos de Lisboa no reinado de D. João V, em 1723, por constituírem "abuzo intoleravel e indecente".

Na área popular, porém, os vilancicos — o antigo "canto de ledino" das romarias quinhentistas ("Hido l'ay meu amigo/ ledo a San Salvador;/ eu vosc'ay hirey leda;...) — continuariam ledos ou alegres a cantar-dançar para o Deus Menino

> "Tocai, tocai,
> tocai, Turissiño, tocai a compás,
> y andar, andar, repicai, repicai,
> que ao Minino terno
> tenho de bailar"

passando no século XVII a ganhar uma espécie de coreografia de dança dramática, como deixa claro um vilancico galego da vila de Lerma da Coleção Barbosa Machado, guardada na Bibiloteca Nacional do Rio de Janeiro:

> "Ay, repicai,
> miniña, o pandeiro
> que fazer hua festa queiro.
>
> *Coplas*
>
> Ay, pelo ben da gente galega
> Deos ha nacido de a Virgen bela,
> *ay, repicai.*
> Ay, tangei con o gaiteiriño
> que me morro de puro gostiño,
> *ay, repicai.*

Ay, por o gosto de huma paridiña
fazer queiro una mudanciña,
ay, repicai.
Ay, en o Ceo os Angeliños
gloria cantando, le dan a mi niño,
ay, repicai.
Ay, cantando copriñas a coros
os cantorsiños festejan a todos,
ay, repicai.
Ay, pois fica o Miniño na terra,
festejai, cantorsiños de Lerma,
ay, repicai.

No Brasil, talvez já a partir do século XVIII, mas seguramente ao longo do século XIX, esses bailes pastoris teriam a sua vocação dramática levada pelos poetas de província à condição de quase entremezes ou autos, mais representados do que cantados. Até que, pela decadência dessa fórmula pretensamente intelectualizada e urbana, acabariam tais autos por chegar ao século XX restituídos à sua condição de danças de louvação em jornadas soltas, com as pastoras divididas em cordões azul e encarnado, sob o nome genérico de pastoris.

7.
DEFINIÇÃO PARA MÚSICA POPULAR

Como tudo quanto envolve o conceito genérico de povo, a expressão música popular tem-se prestado, nos últimos duzentos anos, às mais desvairadas qualificações. Ligadas inicialmente à idéia da existência de "tradições populares" paralelas à produção de cultura erudita ou oficial, as crenças, artes ou criações literário-musicais emanadas do chamado povo — identificado como a gente das camadas mais baixas da população — pertenceriam ao que, em 1725, na Inglaterra, o clérigo Henry Bourne definia no próprio título de seu livro como *Antiquitates Vulgares, or the Antiquities of common people*. Esta idéia de persistência da memória no povo continuaria com seu sentido de permanência no tempo até meados do século XIX, quando em 1846 o antiquarista William John Thoms cunhou a palavra *folklore*, atribuindo agora a existência de um saber popular em evolução. Fossem, porém, apenas testemunho de antigas tradições, ou forma de saber espontâneo vivo, essas heranças culturais encontradas entre o povo continuariam estudadas pelos homens doutos da cidade como fenômenos ligados apenas à gente do mundo rural. E, assim, quando a atenção desses estudiosos recaía sobre a música, o que os interessava era, para os germanos o *Volkslied*, para os anglo-saxões a *folk-song*, para os franceses o *chant populaire* e, para os portugueses — de quem receberíamos o nome e o conceito —, os cantos ou cantigas populares, entendidos como gêneros das populações do campo.

O curioso é que, mesmo mais recentemente, no século XX, quando após a Segunda Guerra Mundial os temas de cultura urbana começaram a merecer a atenção dos estudiosos com o aparecimento, na Europa e nos Estados Unidos, de trabalhos sobre os romances em folhetins, a literatura dos *best sellers*, as histórias em quadrinhos e o cinema, no Brasil, ainda em 1946 a seguidora de Mário de Andrade, a pianista, etnógrafa e folclorista mineiro-paulistana Oneyda Alvarenga conquistaria o Prêmio Fábio Prado com o livro *Música popular brasileira*, sobre as músicas do folclore. E, mais surpreendente, mesmo ao despontar do século XXI — e apesar de o tema da música de massa produzida pela indústria cultural internacional ocupar não apenas tão largo espaço nos jornais, mas tanto interesse na área acadêmica —, no livro *Os mandarins milagrosos: arte e etnografia em Mário de Andrade e Béla Bartók*, lançado em fins de 1997, seria ainda esse sentido de música popular duas vezes secular que a antropóloga social Elizabeth Travassos adotaria. E, isso, apesar de no mesmo livro reconhecer a necessidade de nova definição conceitual para o que se deve entender por música popular, observando:

> "Das combinações e oscilações entre diversas maneiras de entender os termos 'povo' e 'cultura' resultam diferentes acepções de música popular, que se pode começar a sistematizar ainda que de forma rudimentar. Dessa forma, evita-se a suposição de que todos os autores que se referem à música popular têm em mente a mesma coisa"[1].

Sem qualquer reivindicação em nome de vaidade pessoal, mas apenas como comprovação de fato histórico, o autor tem a lembrar que, desde seu primeiro livro, *Música popular: um tema em debate*, de 1966, tem procurado estabelecer essa diferença de campos reclamada agora pela antropóloga. De fato, desde o anun-

---

[1] Elizabeth Travassos, *Os mandarins milagrosos: arte e etnografia em Mário de Andrade e Béla Bartók*, Rio de Janeiro, Funarte/Zahar, 1997, p. 93.

ciado propósito exposto na apresentação à primeira edição daquele livro, de "encarar o fenômeno da cultura popular urbana como manifestação viva de camadas da população submetidas a uma determinada colocação na escala social, e a determinados tipos de relações entre os elementos de outras camadas", o autor propunha-se a enxergar o que hoje se entende por música popular nas cidades como o resultado de uma realidade cultural específica da vida urbana. E escreveria na introdução de seu posterior livro *Música popular: de índios, negros e mestiços*, de 1972, após apontar nos métodos usados pelos folcloristas o vezo de transformar suas observações "numa complicada demonstração de sapiência, com o estabelecimento de supostas origens milenares dos fatos estudados, genealogias, paralelismos com fenômenos universais, altos conceitos antropológicos e etnográficos etc.":

> "No presente estudo, como se verá, o autor procurou afastar-se desses caminhos e métodos, concentrando seu esforço no levantamento da história quase clandestina de uma cultura popular ao nível das camadas mais baixas dos mais antigos núcleos da vida urbana colonial, até a atualidade".

Foi com essa preocupação histórico-sociológica, em livros como *Os negros em Portugal: uma presença silenciosa*, de 1988, *História social da música popular brasileira*, de 1990 e, principalmente, *As origens da canção urbana*, de 1997, que o autor pôde apontar o que constituíra, afinal, durante tantos anos, a dificuldade encontrada para determinar o que se deveria chamar de música popular. E esse pequeno dado esclarecedor era o reconhecimento de que, desde o aparecimento das modernas cidades contemporâneas do capitalismo comercial e da produção manufatureira, a partir do século XVI, passariam a existir na verdade não uma, mas duas músicas típicas do povo, por força de uma dualidade de universos culturais: a da gente do mundo rural (presa historicamente a um modelo de vida coletiva) e a do moderno mundo urbano contemporâneo do poder das cidades (sujeita às regras do individualismo burguês). E era isso o que o autor se propunha a interpretar, ao projetar para o campo cultural essas diferenças derivadas de tal quadro histórico-social, ao escrever em seu livro *História social da música popular brasileira*, em 1990:

> "O resultado desse novo quadro de vida urbana sob o moderno regime de relações de produção pré-capitalista [...] iria fazer-se sentir também no campo cultural. É que, enquanto os cantos e danças do mundo rural continuavam a constituir manifestações coletivas, onde todos se reconheciam, a música da cidade — exemplificada no aparecimento da canção a solo, com acompanhamento pelo próprio intérprete — passou a expressar o individual, dentro do melhor espírito burguês".

Essa conclusão da existência, no mundo moderno, não apenas de uma música popular, mas de duas músicas populares — uma baseada em práticas coletivas particulares do mundo rural, outra ligada ao gozo pessoal próprio do individualismo inaugurado nos grandes centros urbanos —, o autor acredita ter podido demonstrar em 1997, com a publicação pela Editorial Caminho, de Lisboa, de seu livro *As origens da canção urbana*. É que a pesquisa em torno de como e quando começara, no mundo ocidental, esse fenômeno de um som e de um cantar típicos das cidades, conduziu exatamente ao momento histórico do século XVI em que a formação de grandes aglomerados urbanos resultantes da crescente divisão do trabalho, aumentando as diferenças entre o estilo de vida citadino e o das populações rurais, veio criar um quadro igualmente diferenciado no plano dos interesses culturais. O aparecimento de uma música popular própria desta nova gente das cidades, pois, nada mais vinha comprovar do que a justeza do princípio estético segundo o qual a um novo conteúdo deve corresponder uma nova forma. O novo tipo de música popular surgia, assim, como resposta a necessidades novas de um novo tipo de gente. E como isso acontecia contemporaneamente à democratização da imprensa, através da publicação de folhetos vendidos nas ruas pelos cegos, ao ter os versos das cantigas que surgiam difundidos em letra de fôrma, a música popular urbana iria se ligar, desde esse início, aos processos técnicos de produção e divulgação, o que a transformava desde logo em produto vendável. O que, aliás, realmente aconteceria nos séculos seguintes sob a forma do comércio de livretos, partituras, rolos de pianola, discos perfurados, discos de gravação mecânica e elétrica, filmes com som de leitura ótica, gravações em fios e fitas cassete, videotapes e em variados suportes de CD de áudio e vídeo.

Alcançado este último estágio de música transformada em produto industrial sonoro destinado ao lazer, não apenas se caracteriza definitivamente esta música popular como criação típica da gente citadina, mas fica explicada também a tendência à globalização dos próprios gêneros musicais lançados sob seu influxo, como resultado necessário da alta concentração de capitais na área da sofisticada tecnologia de sua produção. No plano cultural geral, é claro, a conseqüência só pode ser o distanciamento cada vez maior entre as duas músicas populares, acrescida da tendência ao progressivo sufocamento dos sons regionais, por influência do modelo imposto pelos grandes centros no processo de urbanização.

É tudo isso que leva a crer — tal como no limiar do século XXI se pode perceber — a chegada de um tempo em que tal produto cultural da gente das cidades, deixando de reger-se pelas leis da criação artística, para reger-se apenas pelas leis do mercado, acabará por eliminar a figura do próprio artista-criador. Futuro certamente desalentador do ponto de vista humano, mas também sem dúvida realista em face da direção assumida pela evolução do modo de produção capitalista da atual era da alta concentração de recursos e sofisticação tecnológica no campo da criação de bens culturais.

8. ESTA MÚSICA OU AQUELA, POR QUE UNS GOSTAM E OUTROS NÃO?

Embora a maioria das pessoas que gosta deste ou daquele tipo de música jamais chegue a se dar conta dos motivos de sua preferência, a verdade é que isso a que chamamos de gosto tem a sua explicação. De fato, toda a produção artística, seja ela qual for, constitui uma projeção do nível cultural em que se situa o seu criador, chamado de artista. Ora, como em uma sociedade de classes esse nível de informação capaz de ser sintetizado numa obra artística depende da colocação pessoal do criador dentro da estrutura social, tem-se como resultado que toda obra de arte — e a musical não foge à regra — exprime a cultura de uma classe, que é exatamente a do artista. No caso do Brasil, essa realidade pode ser confirmada pelo perfeito paralelismo existente entre os vários tipos de música produzidos quer na área rural, quer na urbana, e as contradições e diferenças de nível em que se processa o modelo de "desenvolvimento" econômico adotado para o país.

Na verdade, observado o quadro sócio-cultural de baixo para cima, podem-se distinguir no Brasil os seguintes grupos ou camadas de cultura:

1°) a cultura regional, quase sempre ligada à realidade do mundo rural, menos desenvolvido, e, portanto, uma cultura não aprendida em livros, chamada de folclórica;

2°) a cultura popular dos pequenos centros urbanos ou das periferias das grandes cidades, a qual — pela origem rural recente da maior parte da população — se configura em subprodutos quer da cultura regional (música "sertaneja" composta por profissionais do disco), quer da cultura urbana de massa (pop rock, baladas românticas e pagodes comerciais);

3º) a cultura popular urbana não livresca, e eventualmente também impregnada de vestígios da cultura rural, particular dos grupos de trabalhadores não qualificados e da gente pobre da cidade em geral (a gente ligada às escolas de samba, por exemplo);

4º) a cultura popular urbana já impregnada, através da educação escolar, de informações escritas (revistas de artistas, fotonovelas, histórias em quadrinhos etc.) ou oral visual (rádio e televisão), mas ainda sem condições de entender a cultura superior;

5º) a cultura popular urbana da classe média emergente, com acesso à Universidade, e altamente influenciada pelos modelos estrangeiros, por sua ligação com a idéia de ascensão social (o que explica a obsessão pelo novo, o moderno, a onda, o quente etc.), e, finalmente,

6º) a cultura oficial, de elite, representada pelos padrões adotados institucionalmente nos salões, academias, cátedras universitárias, conselhos de cultura, tribunais, Congresso etc.

Assim, quando uma pessoa diz que gosta de um tipo de música e não de outro, está simplesmente indicando a faixa de cultura a que se liga, na quase totalidade dos casos por força de sua posição na hierarquia social.

A conclusão, pois, é que, considerado o ajustamento entre a obra de arte oferecida e o gosto — quer dizer, a cultura — pessoal daquele que a recebe, todas as tendências são válidas, pois correspondem, com suas diferenças de nível de informação e de acabamento, às diferenças sócio-econômicas que dividem as pessoas no sistema de sociedade de classes baseada na hierarquização da divisão do trabalho.

Essa conclusão é importante para que se possam entender certos problemas geralmente muito discutidos, mas quase sempre deixados sem explicação, quando não diluídos em acusações genéricas do tipo "o culpado pela banalidade é a falta de divulgação das boas obras", "o problema é que a maioria do povo não tem escola", "arte virou negócio", "a culpada é a televisão que só transmite o que interessa a ela" etc.

Entre estes problemas levantados na área da música popular após o aparecimento da chamada indústria de massa, um dos mais desafiadores é o seguinte: por que, desde que existe grande variedade na produção musical, tantas pessoas gostam e consomem gêneros visivelmente fabricados, repetitivos, sem criação e banais como os bolerões, os sambões, as toadas supostamente "sertanejas", os iê-iê-iês, os sub-rocks etc.?

A explicação é simples: como a criação de música se transformou em uma atividade industrial e comercial, é preciso atingir faixas cada vez mais amplas da sociedade, para que os produtos disco, CD, fita ou tape de televisão se tornem economicamente rentáveis para quem os produz. Ora, considerando que, como se viu, cada camada da sociedade se encontra em determinado estágio de cultura, a indústria procura refletir não a verdade de cada uma dessas camadas, mas produzir — através da diluição da informação cultural — uma média capaz de ser apreciada e compreendida por uma maioria de pessoas englobadas genericamente sob o nome de massa. Isso é promovido através da comercialização do talento de criadores e instrumentistas ligados à indústria do disco, que são levados a fabricar músicas segundo fórmulas obtidas a partir de sons de sucesso já comprovado, o que não satisfaz de maneira profunda a ninguém, mas garante a aceitação geral.

Realmente, enquanto projeção de verdades, sentimentos ou emoções muito particulares dos homens, definidos como seres sensíveis, toda obra de arte que condensa essas informações vivenciais de maneira muito densa tem tendência a parecer *difícil*, isto é, a não ser compreendida pelas pessoas que vivem desligadas da realidade. E estas pessoas são aquelas que — por força da sua posição marginalizada em um processo de vida por si só automatizado e sem horizontes — não encontram dentro delas o mínimo de informação vital indispensável para o entendimento (ou decodificação) da mensagem artística exatamente por essa razão julgada difícil.

Assim, o que caracteriza a produção de criações culturais para consumo das grandes massas situadas em áreas sociais onde essa alienação é mais profunda (burocracia, prestação de serviços, trabalho em setores de alta mecanização etc.) é a procura de um padrão que não aprofunde valores ligados às experiências vitais, necessariamente fora do alcance dos pobres compradores sujeitos ao esvaziamento existencial de um dia-a-dia que os brutaliza e automatiza.

A conseqüência desse processo é o competente rebaixamento dos produtos artísticos enquanto símbolos da riqueza interior do homem ou espelhos de suas mais amplas possibilidades. O que quer dizer, invertendo a imagem, que tais produtos pobres de conteúdo artístico passam a traduzir, apenas, a realidade de gente pobre de conteúdo humano.

Atingido esse nível de garantia de mercado para suas diluições musicais-culturais-vivenciais, a indústria dirigida ao lazer — na área da música representada pelas grandes gravadoras internacionais, com matrizes nos Estados Unidos e na Europa — passa a afirmar que ela não forma o gosto de ninguém, mas apenas atende ao gosto declarado das pessoas, colocando no mercado o que elas desejam consumir. Esse trabalho de manipulação do mercado é conseguido pelas grandes fábricas através da exploração inteligente das expectativas de ascensão social principalmente das camadas baixas da periferia dos grandes centros, e dos grupos emergentes da classe média da própria cidade.

De fato, enquanto os compradores de "música sertaneja" aplaudem duplas vestidas de *cowboys* americanos, que cantam toadas breganejas à base de sons de guitarras (porque esse é o "moderno" a que pretendem chegar), as camadas de classe média cometem equívoco semelhante.

Colocadas na posição de minorias sociais de ascensão recente, como resultado ao esquema econômico de "desenvolvimento" com base na concentração capitalista, a tendência de grande parte das camadas médias das cidades é entrarem em conflito com a própria sociedade, que começam a ver como subdesenvolvida, pobre, ignorante e, por isso mesmo, distante e alienada como um todo dos progressos e maravilhas do "mundo moderno" globalizado, com que a televisão lhes acena.

Situadas assim diante da opção-conflito de ter que escolher entre a aceitação dessa realidade pobre e bitolada e as promessas de um estilo de vida rico de alegrias ao nível da indústria de consumo, as camadas mais altas da classe média não têm dúvida: optam pelo segundo modelo, idealmente projetado pelos anúncios de cigarros e refrigerantes da televisão. E, dessa forma, como num passe de mágica, a realidade geral vigorante para a maioria das camadas se apaga, e o real passa a ser a vida em circuito fechado dessa minoria com capacidade econômica de acesso aos bens revestidos da aura de "valores modernos".

Ora, como por motivos do próprio modelo econômico montado no país os produtores desses "valores modernos" só contam com mercado entre essas minorias, o círculo de interesses e expectativas se fecha: quer dizer, as grandes massas trabalham e renunciam à sua parte na divisão do produto nacional, para que os investimentos feitos pelo Governo à sua custa possam realimentar o tempo todo o pequeno circuito em que gira a riqueza, envolvendo o comprador com alto poder aquisitivo de um lado, e a indústria de artigos sofisticados do outro. O resultado cultural deste processo não se faz esperar. Assim, como o veículo ideal para o anúncio das virtudes dos produtos industriais de alta sofisticação é a TV, e como — "por coincidência" — esses produtos são todos muito caros (e, portanto, só ao alcance das minorias com poder aquisitivo), a tendência da programação é procurar atender ao gosto e às expectativas desses poucos que constituem o mercado potencial dos produtos anunciados nos intervalos comerciais, e não das maiorias pobres que compram aparelhos de televisão pelo crediário.

Ora, como a televisão precisa transmitir eventualmente shows e músicas para entretenimento dos telespectadores, os artistas, espetáculos e sons escolhidos são os capazes de projetar — tal como os anúncios dos intervalos — uma idéia de "modernidade" e de "bom gosto", o que os liga necessariamente aos modelos adotados pela classe média dos centros estrangeiros, mais desenvolvidos.

A partir daí, e tomando essa sua realidade como o real do país, os componentes da classe média brasileira passam a admitir, por extensão, que o seu gosto é — ou deveria ser — o gosto de todos e, ato contínuo, transformam o particular no universal. Tendo como certo, porém, que os produtos culturais ligados às suas expectativas e gostos são criados e manipulados por grandes conglomerados internacionais, com matrizes situadas nos países mais desenvolvidos, o que se verifica é que o universal da classe média brasileira acaba sendo o regional das classes médias de países mais poderosos economicamente.

A conseqüência disso é que, atingindo o equívoco da classe média esse limite, no que se refere ao gosto-padrão em torno de boa música popular, por exemplo, tal atitude colonizada conduz a um segundo estágio do processo de entrega ao poder da indústria de massa. E isso porque a indústria internacional do disco, após ditar a partir das suas matrizes os padrões musicais a serem seguidos pelas pessoas desejosas de parecerem atualizadas e modernas nos países menos desenvolvidos, só precisa aguardar um pouco até que os compositores, músicos e cantores dessas nações dependentes assimilem a tal "música universal", e passem a integrar-se nela, produzindo eles também dentro dos moldes estabelecidos. Uma vez alcançado este estágio de integração dos artistas de países subdesenvolvidos na "música do momento", as filiais locais das grandes empresas multinacionais do disco estabelecem um regime de preferência para as suas produções e, a partir de então, o repertório da música universal passa a ser enriquecido com grande economia de custos industriais e maiores possibilidades de expansão de mercado, considerando a nivelação do gosto musical obtida por essa técnica de massificação em todas as áreas urbanas do chamado mundo ocidental.

Depois de certo tempo, com a continuidade do processo de dominação econômico-cultural transformando-se em realidade aceita e indiscutível ("vivemos num mundo globalizado", "acabaram-se as fronteiras", "o importante é a música ser boa, venha de onde vier", "as influências sempre existiram", "vivemos a era dos satélites", "ninguém pode deter o progresso"; "tudo evolui, precisamos evoluir também" etc.), ainda uma vez o que atende apenas às ilusões dos consumidores manipulados ganha a categoria de real.

Desse momento em diante, os alienados assumem inclusive uma posição de crítica a partir dos enganos aceitos, e quem protesta contra esse *status quo* da dominação cultural passa a ser apontado como retrógrado, ultrapassado e xenófobo.

9.
TECNOLOGIA E COLONIZAÇÃO

As relações entra a música popular brasileira e os meios de comunicação comportam uma visão histórica (ou seja, o levantamento, ainda incompleto, de informações destinadas a revelar os meios que têm tornado possível, até hoje, a divulgação das criações musicais do povo) e uma visão crítica (ou seja, uma interpretação de significado e conseqüências dessa relação crescente entre a arte musical popular e os meios tecnológicos de recolher, guardar, reproduzir e divulgar sons).

Em primeiro lugar, é preciso estabelecer que, quando nos referimos a música popular brasileira e meios de comunicação, estamos nos referindo à música popular das cidades, composta por autores conhecidos, e destinada ao comércio do lazer predominante urbano (normalmente gravada em cilindros, discos, CDs, fitas magnéticas, filmes sonoros de cinema ou videotapes, com a finalidade de ser reproduzida por meios mecânicos, elétricos ou eletrônicos). E isto porque a música popular, no nível das populações rurais, ainda presas a um modo de transmissão oral, tradicional, obedece a mecanismos próprios, uma vez que se liga a processos de evolução sócio-cultural-religiosos particulares de cada região.

De fato, enquanto a música popular rural, folclórica, é sempre um fenômeno local — só se explicando sua eventual expansão pelos movimentos migratórios das populações que a praticam —, a tendência da música popular urbana é tornar-se nacional (e até internacional), exatamente por relacionar-se com a base industrial-comercial representada pelos meios tecnológicos de comunicação, notadamento o disco, o rádio, o cinema, a televisão e, a partir do final do século XX, também o computador.

Assim sendo, pode-se dizer que a história da música popular, entendida como a música destinada ao lazer urbano, a partir de fins do século XVIII, é, na realidade, a história das relações desse tipo de música com instituições e mecanismos determinados de comunicação, a saber: o teatro musicado, os pianos dos particulares, as bandas de música, os pequenos grupos instrumentais denominados choros, e, já a partir de fins do século XIX, todos os meios tecnológicos postos à disposição dos criadores de música para a captação de sons e sua transmissão, inclusive incorporando a imagem, como aconteceria a partir do cinema falado, da televisão e dos computadores.

De um ponto de vista crítico, conclui-se, portanto, que a história dessas relações só pode ser a das interinfluências entre a matéria-prima cultural configurada na música popular e o complexo industrial e de diversões, que a manipula para fins comerciais.

De fato, uma outra colocação para o problema do relacionamento entre música popular e os meios de comunicação só tenderia a deslocar o centro de interesse do problema para o campo das especulações teóricas, quando — ao menos do ponto de vista da cultura brasileira — o importante é determinar a realidade que se estabelece quando alguém cria um produto cultural (no caso a música popular) e outro se propõe a transformar essa criação num produto industrial-comercial, possibilitando sua divulgação para amplas camadas, e sua colocação no mercado sob a forma de artigo de consumo.

As informações históricas de que dispomos sobre as relações entre a música popular e os meios de comunicação, embora incompletas em muitos pontos, já permitem estabelecer algumas conclusões. E a principal é esta: a dependência de um produto cultural em relação aos meios de comunicação destinados a divulgá-lo, determina um crescente poder de influência dos segundos sobre o primeiro, à maneira que a tecnologia dos citados meios de comunicação se sofistica.

Para comprovar essa afirmação, basta um pequeno levantamento histórico das condições em que se tem processado no Brasil esse relacionamento entre a música popular a os citados meios de comunicação, a partir de meados do século XIX.

Como se sabe, a moderna música destinada ao lazer das populações das grandes cidades, desvinculadas da cultura folclórica predominantemente rural, é uma criação européia contemporânea da Revolução Industrial. Realmente, foi para atender ao gosto e às necessidades de novas camadas citadinas, surgidas com a diversificação social provocada pelas grandes concentrações urbano-industriais, que, principalmente a partir da primeira metade do século XIX, começou a aparecer uma série de músicas de dança de salão: as valsas vienenses, a *schottisch*, a polca, a quadrilha, a mazurca etc.

No Brasil, cujo processo de diversificação social só se acentuaria a partir do Segundo Império, esses gêneros começaram a se tornar conhecidos e cultivados com a popularização dos pianos, a partir de segunda metade do século XIX. E foi assim que, com o surgimento de pianeiros profissionais, pagos para animar bailes em casas de família, esses gêneros de música de dança européia passaram definitivamente à área da incipiente classe média urbana brasileira.

Já aqui, porém, cabe submeter a informação histórica ao exame crítico, a fim de determinar em que nível de dependência se processava esse relacionamento entre o tocador de piano brasileiro e os gêneros de música importados. E a análise desse relacionamento leva a uma primeira conclusão curiosa: apesar daquela informação estrangeira transmitida pela escrita da partitura, a forma culturalmente descomprometida de tocar dos pianeiros, muitos deles mestiços, acabava modificando a tal ponto as músicas importadas que em poucos anos estavam nacionalizadas. Foi isso o que aconteceu, principalmente a partir de 1870, quando, passando a ser compostos por músicos do povo, alguns desses gêneros — como a valsa, a polca e a *schottisch* —, popularizando-se entre os grupos de flauta, violão e cavaquinho, que tocavam de ouvido, distanciaram-se ainda mais dos signos registrados nas partituras. Realmente, seria do estilo chorado de tocar essa música européia (inicialmente divulgada pelos pianos dos salões) que nasceria o primeiro estilo de música instrumental reconhecidamente urbano brasileiro: o choro. E isso embora a partitura de piano continuasse a constituir o meio de comunicação musical mais difundido até o fim do século XIX, quando a divulgação de sons musicais passou, finalmente, a contar com meios de reprodução mecânica.

De fato, só com a criação do fonógrafo de cilindro pelo inventor americano Thomas Alva Edison, em 1877, iria se realizar o velho sonho de captar sons, previsto inclusive por Rabelais no século XVI, no episódio do livro de *Pantagruel* em que palavras congeladas anos antes se desprendiam de seu invólucro para reviver e soar, quando o gelo se desfazia.

Os primeiros cilindros gravados com vozes e música foram exibidos no Brasil já a partir de 1879, e quando, afinal, pouco mais de dez anos depois, o pioneiro do comércio de aparelhos de som, Frederico Figner, iniciava a venda sistemática de fonógrafos no país, a história das relações entre a música popular e esse novo meio de comunicação sofreria uma mudança fundamental. Agora, ao contrário do que acontecera com as partituras de piano, não era mais possível "reinterpretar": a música importada era exatamente aquela que soava pela boca do fonógrafo, ao ser acionada a manivela que fazia girar o cilindro gravado.

E foi assim que, quando a esse sistema de gravações em cilindros, ainda muito precário, se acrescentou a novidade do disco, a partir do início do século XX, a música estrangeira, divulgada pelos gramofones, começou a disputar o mercado brasileiro, *efetivamente*, ao lado da música nacional.

Estabelecida essa possibilidade de competição industrial-comercial, a música popular brasileira, enquanto produto cultural, passou a sofrer a influência do concorrente estrangeiro. E como a nascente classe média urbana da nova era industrial do início do século XX entrava a identificar-se com os padrões do equivalente da sua classe nos Estados Unidos, o disco — primeiro grande instrumento de divulgação de música na era tecnológica — passou a contribuir para a popularidade, não da música popular brasileira, mas exatamente da importada.

Graças à guinada em favor da música popular estrangeira, proporcionada pelo advento do disco (predominantemente a música americana, representada pelo *one step*, o *two step*, o *black bottom*, o *shimmy*, o *charleston* e o *fox-trot*), o estilo choro passou ao segundo plano, e a partir da segunda década do século XX instaurou-se no Brasil a era do *jazz-band*.

Tal como acontecera pouco menos de um século antes com o advento dos gêneros musicais europeus em partituras para piano, os primeiros grupamentos de *jazz-band* brasileiros ainda apresentavam, em todo o caso, alguma particularidade nacional. No entanto, a partir de fins da década de 1920, novo salto tecnológico veio aprofundar o processo de dependência cultural no plano da música popular: os filmes americanos passaram a ser sonoros, e os primeiros musicais — que na realidade eram espetáculos da Broadway filmados — levaram os músicos brasileiros a reproduzir mimeticamente sobre os tablados até mesmo os trejeitos dos colegas norte-americanos.

Desta forma, quando trinta anos depois, ao iniciar-se a década de 1950, a televisão fez sua entrada no Brasil, esse novo meio de comunicação — que agora trazia o cinema para dentro da casa dos espectadores — nada mais fez do que aprofundar, com a massificação dos seus tapes enlatados, aquele processo de invasão cultural, já efetivado com a aceleração dos progressos tecnológicos no campo da reprodução e divulgação dos sons e das imagens. Era a instauração da era do rock e, logo em seguida, dos experimentos da *tecno-music*.

Tudo isso bem interpretado, o que se comprova com o princípio da dependência crescente da música popular aos meios de comunicação é que tanto maior é a dependência (e a conseqüente descaracterização do produto cultural nacional) quanto maior a distância entre as possibilidades tecnológicas do país e a dos centros industriais que criam aqueles meios.

No caso do Brasil, tal distância é tão grande que só pode levar a uma conclusão: os modernos meios de comunicação, considerando-se sua origem estrangeira, continuarão a trabalhar contra a cultura brasileira, de uma maneira geral, e contra a criação de uma música popular de caráter local, em particular.

10.
MÚSICA SERTANEJA É ESSE NEGÓCIO

A música sertaneja — assim chamada pelas fábricas de discos e pelos locutores de programas de rádio destinados ao interior — engloba sob esse nome uma variedade enorme de gêneros de músicas particulares de uma vasta zona geográfica em que predomina o som de um determinado instrumento: a viola de cinco cordas duplas, mais conhecida por viola caipira.

Desde o aparecimento dos primeiros discos de música sertaneja (inicialmente chamada de música caipira) a tendência foi para o estabelecimento de uma confusão entre as músicas de caráter local de determinadas regiões (toadas de cururu, de cateretê ou de samba rural), e certos gêneros que eram aceitos em áreas mais amplas, com pequenas variantes de estilo, como seriam os casos das modas-de-viola e das toadas (às vezes divididas em "toada mineira" e "toada paulista", por exemplo).

Tudo isso, na realidade, vinha indicar, desde logo, um primeiro sintoma da maior aproximação entre o campo e a cidade, e que se tornara possível desde o fim do século XIX através de quatro veículos de comunicação: dois antigos (o teatro musicado e o circo) e dois modernos (o disco e o rádio).

Nesse sentido pode-se dizer, hoje, que a música sertaneja — pelo menos na forma pela qual a conhecemos gravada em discos — é uma criação não muito antiga, e que corresponde a um produto de consumo destinado a populações identificadas pela origem, com hábitos, costumes e sons ligados particularmente à vida rural.

De fato, desde o fim do século XIX, quando no Rio de Janeiro o comediógrafo Artur Azevedo inaugurou a moda do *caipirismo* no teatro musicado (primeiro na revista *O Tribofe*, de

1891, e depois definitivamente a partir da comédia-opereta *A Capital Federal*, de 1897), o público das grandes cidades passou a tomar conhecimento da vida rural através de uma figura principal: a do caipira "engraçado" ou sem-jeito, que se sentia atrapalhado na cidade, tocava viola e falava das coisas do "sertão".

Do teatro, essa figura mais ou menos "inventada" do caipira (que também começava a aparecer na literatura nos contos do mineiro Afonso Arinos e dos paulistas Valdomiro Silveira e — mais tarde — Monteiro Lobato) passou para o circo e para o cinema mudo (graças às caricaturas de Genésio Arruda, precursor de Mazzaropi). E, finalmente, chegou ao rádio e ao disco, a partir da iniciativa do divulgador da cultura caipira Cornélio Pires, que em fins da década de 1920 teve a idéia de trazer tocadores de viola da zona de Piracicaba para gravar nos estúdios da Fábrica Columbia na capital de São Paulo.

Desde o início ficou claro, porém, que esse aproveitamento de violeiros e cantores de modas e cururus amadores não combinava com a estrutura profissional dos meios do rádio e do disco. E foi então que começaram a surgir os "caipiras do rádio", fazendo rapidamente a fama de humoristas como Nhô Totico e Capitão Furtado, e ainda de duplas já interessadas em agradar ao público grã-fino dos shows de cassinos do Rio de Janeiro e dos balneários de Minas Gerais, como seria o caso de Alvarenga e Ranchinho.

O interessante é que, durante certo tempo, os dois tipos de "caipiras" e suas músicas de viola conseguiram coexistir com uma terceira tendência lambém ligada aos sons particulares das áreas rurais do Centro-Sul: a das "canções sertanejas", sofisticadamente compostas ao piano pelo engenheiro paulista Fernando Lobo, o Marcelo Tupinambá. Logo a partir da década de 1940, porém, a "música sertaneja" produzida na cidade (fosse por caipiras falsos ou verdadeiros) ganhou um público próprio, e surgiu então um novo gênero de música comerciável dentro do panorama geral da música popular brasileira.

O surgimento da era das duplas caipiras no rádio e no disco anunciava, na verdade, o aparecimento de um público que, não

Cornélio Pires, pioneiro no lançamento de música caipira da região da viola paulista como produto de música popular em disco.

se tendo desvinculado ainda de suas raízes rurais, sentia faltar alguma coisa na música que as cidades lhe ofereciam. Quer dizer, embora já tendo acesso a estilos de vida urbana, ou mesmo residindo na periferia de grandes cidades, as pessoas do interior (ou recém-chegadas de zonas rurais) precisavam de um som que lhes lembrasse a música de sua região, mesmo que fosse estilizada sob a forma vaga e diluída da chamada "música sertaneja".

E é por isso que a essa música de sons ligados à área da viola caipira — que abrange a vasta região Centro-Sul, compreendida por quase todo o estado de São Paulo, parte do interior do estado do Rio e ainda grandes espaços de Minas Gerais, Goiás, Paraná e Mato Grosso — viria juntar-se nos últimos anos do século XX uma "música nordestina" também fabricada a partir do eixo Rio-São Paulo, e desde a década de 1960 denominada amplamente de "música de forró". Tudo, aliás, vindo a traduzir, por sua vez, a nova realidade do avanço das áreas urbanas sobre as áreas rurais, conseqüente de um processo de industrialização que, a partir do fim da Segunda Guerra Mundial, passou a movimentar não apenas trabalhadores dessa área Centro-Sul, mas também vastas massas de antigos lavradores nordestinos, migrados de suas regiões para se transformarem em mão-de-obra não-especializada nos mais diferentes pontos "do Sul", conforme os interesses da "política de desenvolvimento" criadora de bóias-frias.

Pois um dos aspectos mais curiosos desse moderno processo de "desenvolvimento" viria ser exatamente, no plano cultural, o da crescente diversificação do mercado musical, em termos de consumo de cada vez maior número de gêneros de músicas ligadas mais ou menos autenticamente a esse não muito bem difundido caráter rural. E tanto é verdade que, apesar das gravadoras multinacionais tentarem impor seus gêneros universais a todo o povo brasileiro, com caráter de monopólio musical, o mercado dessa genérica "música sertaneja" da área da viola caipira, sulina ou nordestina, continuaria a crescer, como se o público submetido ao processo de urbanização recente se recusasse a passar musicalmente da manteiga de leite de vaca para a margarina.

Um sintoma comercial desse fenômeno cultural relacionado com fatores econômico-sociais é o fato de as fábricas de discos terem começado a criar, a partir da década de 1970, uma série de selos "regionais" e "populares" dirigidos a um público que sabiam ser *marginal*, não apenas socialmente, mas também em relação a valores estéticos urbanos determinados pela cultura da classe média que domina os meios de divulgação no país. Do ponto de vista econômico esse interesse novo pela "música sertaneja" — sulina ou nordestina — também se explica: é que, segundo levantamentos em torno do mercado de disco no Brasil — e apesar de não freqüentarem as paradas de sucesso das rádios ou da televisão —, os gêneros de música dirigidos a esse público marginal (em relação ao mercado "oficial") são consumidos pela gente não identificada que compra nada mais, nada menos, do que 40% dos discos prensados no país (considerado o sexto mercado da indústria de música de massa em todo o mundo).

Foi sob esses selos (*Rodeio*, da WEA, *Jangada*, da EMI-Odeon, *Premier*, da RGE, *Caboclo*, da Continental) e, principalmente, através da marca Chantecler, a mais especializada de todas e com maior elenco, que se editavam já em 1980 cerca de trinta discos de música sertaneja por mês, o que perfazia um total de 250 músicas a disputar a divulgação — apenas na capital de São Paulo — através de treze programas dirigidos à gente do interior e da periferia da cidade em sete emissoras de rádio e duas de televisão.

Esses programas eram irradiados em sua maioria ou muito cedo, pela manhã, ou tarde da noite, não apenas porque quem ouve música sertaneja é pobre, e pobre levanta cedo e só volta para casa à noite, mas porque as direções das emissoras reservavam os melhores horários do dia para os programas e músicas da preferência das camadas de classe média, às quais se dirigiam quase todos os anúncios produzidos pelas grandes companhias de publicidade (que garantem o faturamento das rádios).

E eis, afinal, como se pode explicar por aí o preconceito das pessoas da cidade contra os gêneros de música que se englobam sob o título genérico de "sertanejos": é que, como os chamados horários nobres só transmitem a música da moda, geralmente internacional, aquelas que falam a linguagem do homem das áreas rurais passam automaticamente a ser julgadas músicas que "não estão com nada", ou "não têm nada a ver". Isso, naturalmente, constitui um grande erro. Um erro que geralmente leva pessoas que se acham culturalmente superiores à gente do interior à enorme contradição de gostar do som *country* (o som dos caipiras norte-americanos que não entendem, por ser cantado em inglês), e a desprezar as toadas e modas-de-viola, que falam de tantas coisas que deveriam conhecer.

No fundo, o raciocínio que conduz essas pessoas das grandes cidades a desprezar o que chamam de "música caipira" é mais ou menos o seguinte: caipira é gente de áreas subdesenvolvidas, logo sua cultura e sua música são subdesenvolvidas. Ora, quando se recorda que todos os sons da chamada música sertaneja da região Centro-Sul partem da viola, basta ouvir o especialista nesse instrumento Renato Andrade para se comprovar o engano. Isto porque, com uma viola de dez cordas nas mãos, Renato Andrade já demonstrou em seus discos ser esse instrumento um dos mais ricos de possibilidades sonoras do mundo, pois pode produzir desde sons harmônicos, até sons que se aparentam com os da harpa de concerto, da guitarra portuguesa, do bandolim e do próprio cravo. O que, aliás, confere à sonoridade das músicas à base de viola uma ponte com a música de Bach, fato por sinal já demonstrado com a transposição de peças desse grande compositor universal para viola caipira pelo professor Teodoro Nogueira.

De qualquer forma, o que ninguém hoje pode duvidar é que, menos de um século após a figura do coronel caipira ter subido ao palco do teatro musicado, no Rio de Janeiro, para fazer rir o pretensioso público da então capital do país, a música da área rural — falsificada ou não — ganhou um espaço no mercado do disco brasileiro. Um espaço que, no momento, mesmo as gravadoras multinacionais são obrigadas a admitir — embora às vezes sob a forma aviltada do "breganejo" —, confirmando uma imagem da realidade da música popular brasileira gravada em discos, que o humorista e compositor Ariowaldo Pires, o Capitão Furtado, gostava sempre de repetir:

> "Uma gravadora, no Brasil, é como uma casa que tem na frente um belo jardim — o da música estrangeira e da nacional produzida por esses moços universitários — mas no fundo tem uma roça cultivada com muito cuidado para manter a tal fachada e o tal jardim".

11.
MÚSICA POPULAR NO SÉCULO XXI: UMA PROFECIA ANTECIPADA

O século XXI, em matéria de música popular — entendida como produção sonora destinada ao lazer urbano, normalmente transmitida por meios eletro-eletrônicos de divulgação —, longe de constituir uma incógnita, desponta no horizonte cultural como um futuro anunciado.

Surgida em sua forma moderna no século XIX, como resposta criativa a novas necessidades da vida social conseqüente do adensamento das populações dos grandes centros (cada vez mais diversificadas em face da crescente divisão do trabalho, após a Revolução Industrial), a música composta para consumo da gente das cidades iria se ligar, desde logo, ao comércio e indústria das diversões.

O primeiro indicador da estreita vinculação estabelecida entre a produção de música popular e as atividades manufatureiras e comerciais é o aparecimento, em meados do século XVIII, das oficinas de impressão de música — aberta e estampada em metal — sob a direção de editores especializados, muitas vezes eles mesmos músicos, que revelavam sua vocação comercial na compra de direitos sobre obras alheias.

Nada por coincidência, esse negócio da música surgia no mesmo momento em que, nos dois maiores centros urbanos da Europa — em Londres nos ambientes fechados das tavernas, em Paris nos tablados de barracas das Feiras de Saint Germain e Saint Laurent —, começavam a criar-se pelos fins daquele século XVIII os primeiros locais de sociabilidade urbana moderna. Era a novidade dos espaços públicos caracterizados pela democrática composição do público, que se formava pela mistura de trabalhadores e gente das baixas e médias camadas burguesas.

Pois, como nesses locais de diversão coletiva já predominavam sobre as movimentadas atrações de circo e *sketches* teatrais os números de canto e dança, desde 1794 um esperto inglês estenderia à imprensa editorial o interesse pela exploração daquele tipo de negócio. E, assim, na esteira do sucesso das músicas dos "glee clubs" londrinos — que mais tarde seriam os "halls" na própria Inglaterra, cafés-concertos na França e *saloons* nos Estados Unidos —, esse conhecedor do repertório em voga nos "harmonic meetings" lança em livro a primeira coletânea de letras de "peças favoritas" do The Crown and Anchor Tavern. E na folha de rosto do volumezinho de quase cem páginas, sob o título de *The Words of the favorites pieces as performed at the Glee Club, held at The Crown and Anchor Tavern, Strand, compiled from their Library by J. Paul Hobler*, apareciam citados por epígrafe estes dois versos esclarecedores da vocação futura da indústria cultural na área do lazer:

> "... we spent the social night,
> Still mixing profit with Delight"[1].

A aparição da coletânea editada por esse J. Paul Hobler era o início de um filão editorial que, embora pudesse ser enquadrado na tradição dos cancioneiros de versos de romances impressos desde o século XVI em Portugal, vinha conferir a dignidade da letra impressa para as produções de modernos compositores populares, agora com seus nomes ligados à condição de autores. Era o que ainda por aquele mesmo final do Setecentos iria acon-

---

[1] A informação sobre esse volume inaugural dos folhetos de cordel conhecidos no Brasil mais de um século depois por "liras" e "jornais de modinhas" estão no livro dos ingleses Raymond Mander e Joe Mirchenson, *British Music Hall*, Londres, Gentry Books, 2ª ed., 1974, pp. 9-10.

tecer em Lisboa com o lançamento do primeiro volume da *Viola de Lereno*, em que se publicavam os versos das modinhas, lundus e cantigas de improviso do mulato brasileiro tocador de viola de cordas de arame Domingos Caldas Barbosa.

A partir da segunda metade do século XIX, com o aparecimento dos pianos como instrumento obrigatório dos salões, o repertório do teatro musicado — logo universalizado sob a forma de contribuição parisiense à ânsia de diversão das camadas médias das grandes cidades — contribuiu para ativar o negócio das editoras de músicas. E, já agora, também para o comércio de instrumentos musicais, postos cada vez mais ao alcance das maiorias, inclusive no Brasil, onde o surgimento dos grupos de choro, aliado à tradição das bandas de coreto espalhadas por todo o país, contribuía para ampliar o público das produções sonoras nas casas e nas ruas.

Foi a existência desse mercado potencial que, excitado desde o fim do século XIX pela possibilidade da gravação de sons em cilindros pelo norte-americano Thomas Alva Edison, explicaria logo depois a explosão comercial dos discos de gramofone, que vinham ampliar ainda mais o campo da difusão da música popular, agora definitivamente posta ao alcance das maiorias mediante a compra de um pequeno aparelho, que qualquer um fazia funcionar acionando uma manivela.

A partir do lançamento, ao despontar do século XX, dos discos de música brasileira gravados no Rio de Janeiro pelo introdutor da novidade das "máquinas falantes", o tcheco Frederico Figner, bastavam os dizeres impressos nos selos para se comprovar que a nova indústria surgia sob o signo anunciador de algo novo na produção em série de criações musicais: a propriedade industrial multinacional dos fabricantes, garantida por patentes obtidas em várias partes do mundo, e expressa no próprio nome da empresa — International Talking Machine.

Transformada pois a composição e interpretação de música popular em nova modalidade de produção industrial-comercial, o que em sua origem ainda pretendia constituir a criação de artistas, poetas e músicos passou a revelar-se um artigo a mais destinado ao mercado. Os primeiros sintomas dessa mudança definitiva dar-se-iam no campo das relações de trabalho, com o fim do amadorismo artístico através da profissionalização dos cantores (solistas ou de coros), da ampliação do quadro de serviços da música (arregimentação de instrumentistas em orquestras, bandas e grupos ou conjuntos), e ainda do surgimento de novas especialidades, como as de maestro-arranjador, diretor artístico e técnicos de estúdios de gravação.

A partir desse momento, estava instituída a vinculação necessária entre a criação artística de música destinada ao lazer das novas camadas contemporâneas do avanço da urbanização no mundo e a tecnológica das modernas indústrias dirigidas ao lazer, e que a esta altura envolviam não mais apenas o som — com os discos ganhando novo impulso com o advento do rádio na década de 1920 —, mas também as imagens do "cinema falado e cantado", desde 1927, e da televisão a partir do fim da Segunda Guerra Mundial.

Essa nova realidade seria responsável por modificações na essência mesma do trabalho criativo da música popular, que, depois de assistir à transformação da habilidade no exercício de qualquer instrumento musical em serviço profissional, veria o próprio produto das criações de poetas e compositores transformar-se, de objeto de qualidade aferível pelas leis da estética, em artigo sujeito às leis do mercado.

Essa mudança decisiva para a compreensão da evolução das criações musicais englobadas sob a denominação genérica de música popular, seria sintetizada pelo autor em seu livro *História social da música popular brasileira*, de 1990, em que já observava, referindo-se às conseqüências do avanço tecnológico na área da indústria cultural:

> "Como, porém, a música assim produzida para reprodução mecânica (gramofones de cilindros ou discos, logo, programações para pianos nos 'rolos de pia-

nola') acelerou grandemente a pesquisa tecnológica, a parte material da produção musical tendeu a crescer (o cinema mudo ganhou som ótico, o rádio fez ouvir a música dos discos a distância, a televisão juntou o som à imagem, e a gravação em fitas — inclusive de videotape — aumentou-lhe as possibilidades com o advento do transmissor), enquanto a parte artística estacionou em seus elementos iniciais: o autor da música e seus intérpretes"[2].

Ante tal realidade — como mostraria ainda o autor —, a conseqüência lógica foi a mudança da própria essência do objeto da criação artística transformado em artigo sonoro dirigido ao mercado consumidor:

> "Essa subordinação do artístico ao comercial explicaria, afinal, não apenas a crescente transformação da música popular fabricada para a venda (depois de obtida a massificação, basta produzir 'o que o povo gosta'), mas a progressiva dominação do mercado brasileiro pela música importada dos grandes centros europeus e da América do Norte, sedes também das gravadoras internacionais e da moderna indústria de aparelhos eletro-eletrônicos e de instrumentos de alta tecnologia"[3].

Aí estava, pois, anunciado o caminho que a criação e produção de tal artigo industrial-cultural de massa chamado de música popular deveria continuar a percorrer — com novas conseqüências práticas ainda desconhecidas — entrando o século XXI.

---

[2] José Ramos Tinhorão, *História social da música popular brasileira*, Lisboa, Caminho, 1990, p. 196 (edição brasileira: São Paulo, Editora 34, 1998, pp. 247-8).

[3] *Idem, ibidem.*

Dentro do princípio de que a mudança qualitativa na ordem das relações entre criadores artísticos e indústria ocorreu de modo a transformar os primeiros em dependentes da segunda, não chega a constituir exercício de futurologia prever que a tendência, no novo século, será a da participação cada vez menor da criação artística individual e viva de instrumentistas na produção de música popular de massa.

Graças aos avanços na tecnologia dos sons digitalizados, a tendência dos estúdios das grandes gravadoras é transformaremse em laboratórios de engenharia musical, com os músicos intérpretes sendo substituídos pelo som computadorizado de sintetizadores polifônicos e politimbrais, *samplers* e *sequencers* da família dos MIDI (Musical Instruments Digital Interface). Tal engenharia criativa de sons computadorizados, aliás, permitirá ultrapassar as próprias possibilidades dos sons normalmente produzidos pelos instrumentos acústicos, mediante a alteração de suas tessituras, através da ampliação, por exemplo, de sua extensão, com a conseqüente ampliação de seu âmbito. Possibilidades técnicas desse tipo, sobre implicar necessariamente dispensa de músicos e maestros-arranjadores nos estúdios, permitirá ainda programar, através de novas combinações rítmicas, o lançamento de modas musicais caracterizadas por um tipo de acompanhamento sonoro fora do alcance da participação humana. E como essas novidades se darão simultaneamente com maiores avanços da tecnologia na área da reprodução de sons e imagens, a unificação dos sistemas de CD de áudio e de vídeo (DVD) deverá originar a criação de um multi-aparelho único áudio-vídeo-laser capaz de — ao lado de um sem-número de outras funções ligadas aos recursos de telefonia e satélites — possibilitar não apenas assistir à transmissão de musicais programados em laboratório, mas admitir inter-relação entre emissor e receptor em nível de realidade virtual.

As conseqüências naturais de tais conquistas tecnológicas na área do lazer das massas, com participação da chamada música popular, implicarão, necessariamente, na prática, o emprego cada vez mais raro de músicos instrumentistas e, no campo cultural, a dessacralização da criação artística, através da transformação dos compositores em colaboradores de técnicos de programação de música, a ser criada segundo as tendências exigidas pelo mercado.

Fora desse quadro geral dominante no cenário da produção das músicas de massa (tornado inevitável pelo crescente processo de concentração do capital industrial, inerente ao modo de produção capitalista no estágio da alta tecnologia), restarão apenas, no século XXI, os últimos vestígios da música tradicional do mundo rural (cada vez mais contaminados pelos modelos da mídia, como já acontece com a "música sertaneja") e, certamente, uma multiplicidade de nichos urbanos de produção pessoal e local, conformados em sobreviver à margem do sistema. Como ainda antes do término do século XX já começaria a acontecer.

REFERÊNCIAS DOS ARTIGOS

1. "A vocação caipira de uma cidade cosmopolita"

a) "Elite rural paulista sufoca cultura do povo na cidade": publicado sob o título "Salvador deu capoeira, Recife deu frevo, Rio deu samba. E São Paulo: não deu nada?" in *D. O. Leitura*. Publicação cultural da Imprensa Oficial de São Paulo, nº 10(17), fevereiro de 1992.

b) "O trajeto Paris-Texas das elites de São Paulo": publicado sob o título "Música popular em São Paulo: um século de evolução", in *D. O. Leitura*. Publicação cultural da Imprensa Oficial de São Paulo, nº 11(22), julho de 1992.

2. "Circo brasileiro, local do universal"

Trabalho apresentado no seminário *Entre Europa e África*, promovido pela Fundação Casa de Rui Barbosa, no Rio de Janeiro, em dezembro de 1995, e publicado na coletânea *A invenção do carioca*, Rio de Janeiro, Topbooks/Edições Casa de Rui Barbosa, 2000.

3. "Viagem à história do romance de encanto (e desencanto) do poeta Manuel Camilo"

Trabalho para o Curso de Pós-Graduação em História Social da Universidade de São Paulo (USP) no ano de 1996.

4. "A música popular em *Sobrados e mucambos*"

Trabalho apresentado no Simpósio comemorativo dos 60 anos de *Sobrados e mucambos*, realizado no Recife em 1996, e publicado na coletânea *Quem somos nós? 60 anos de* Sobrados e mucambos, Recife, Fundação Joaquim Nabuco/Editora Massangana/Núcleo de Estudos Freyreanos, 2000.

5. "Intercâmbio Brasil-Portugal na área da cultura popular"

Trabalho para o Curso de Pós-Graduação em História Social da Universidade de São Paulo (USP) em 1996, e publicado na revista *Cátedra Jaime Cortesão*, do Instituto de Estudos Avançados da USP, vol. I, 1º semestre de 1997.

6. "A memória milenar dos pastoris brasileiros"
Inédito.

7. "Definição para música popular"
Trabalho apresentado no ciclo de palestras Panorama da Cultura Brasileira, realizado na Casa de Rui Barbosa, Rio de Janeiro, em agosto de 1998.

8. "Esta música ou aquela, por que uns gostam e outros não?"
Trabalho apresentado no evento Brasil de Todos os Cantos, realizado em maio de 1982 no Teatro Guaíra, Curitiba, pela Secretaria de Cultura do Paraná.

9. "Tecnologia e colonização"
Trabalho apresentado no II Encontro de Pesquisadores de Música Popular Brasileira, realizado em novembro de 1976 no Palácio da Cultura, Rio de Janeiro.

10. "Música sertaneja é esse negócio"
Publicado no *Jornal Rural*. Veículo de Comunicação da Casa Fernandes, nº 23, agosto de 1981, Juiz de Fora, MG.

11. "Música popular no século XXI: uma profecia antecipada"
Publicado na coletânea *O Brasil no Terceiro Milênio: o livro da profecia*, vol. I da Coleção Senado, Brasília, 1997.

SOBRE O AUTOR

José Ramos Tinhorão nasceu em 1928 em Santos, São Paulo, mas criou-se no bairro de Botafogo, no Rio de Janeiro, onde teve suas primeiras impressões de coisas populares, assistindo a rodas de pernada e sambas de improviso, na esquina da Rua São Clemente com Praia de Botafogo, em frente ao Bar Sport Carioca.

Da primeira turma de Jornalismo do país, no primeiro ano já colaborava com a *Revista da Semana*, *Revista Guaíra*, do Paraná, entre outros veículos, até ingressar no *Diário Carioca*, no ano da formatura, 1953, onde permanece até 1958.

De 1958 a 1963, escreve para o *Jornal do Brasil*, começando em 61 as famosas "Primeiras Lições de Samba". Na década de 1960, Tinhorão passa pela TV — Excelsior (despedido em 1º de abril de 1964...), TV Rio e Globo (quando ainda a programação era local) — e pela Rádio Nacional, antes de mudar-se em maio de 1968 para São Paulo. Em 1966, estréia em livro com duas obras: *Música popular: um tema em debate* e *A província e o naturalismo*.

Morando em São Paulo, Tinhorão escreve para a revista *Veja* até 1973, passando então para a revista *Nova*, e em 1975, já como autônomo, envia da sucursal paulista suas duas colunas semanais para o *Jornal do Brasil*. Tais colunas, que durarão até 1981, granjearam ao pesquisador a pecha de "temido crítico musical".

Em 1980, Tinhorão vai a Portugal investigar a presença dos negros da colônia na metrópole. E, desde então, seus livros passam a ser publicados por lá. O autor se orgulha de ser um grande conhecedor de sebos no Brasil, Lisboa, Porto e Braga, nos quais adquiriu grande parte de sua coleção de discos, partituras, periódicos, livros e imagens sobre a cultura brasileira.

Em 1999, prosseguindo em sua pesquisa de jornais carnavalescos no Brasil, solicita pela primeira vez em sua carreira uma bolsa: para o mestrado em História na Universidade de São Paulo. A tese dá origem ao livro *Imprensa carnavalesca no Brasil: um panorama da linguagem cômica*.

Seu acervo foi adquirido em 2000 pelo Instituto Moreira Salles, de São Paulo, que criou em 2001 o Acervo Tinhorão, hoje disponível a pesquisadores e interessados.

OBRAS DO AUTOR

A província e o naturalismo. Rio de Janeiro: Civilização Brasileira, 1966 (esgotado).

Música popular: um tema em debate. Rio de Janeiro: Saga, 1ª ed., 1966 (esgotado). Rio de Janeiro: JCM, 2ª ed., 1969 (esgotado). São Paulo: Editora 34, 3ª ed., 1997; 4ª ed., 1998; 5ª ed., 1999.

O samba agora vai... A farsa da música no exterior. Rio de Janeiro: JCM, 1969 (esgotado).

Música popular: de índios, negros e mestiços. Petrópolis: Vozes, 1972; 2ª ed., 1975 (esgotado).

Música popular: teatro & cinema. Petrópolis: Vozes, 1972 (esgotado).

Pequena história da música popular brasileira: da modinha à canção de protesto. Petrópolis: Vozes, 1974; 2ª ed., 1975; 3ª ed., 1978; edição Círculo do Livro, São Paulo, Abril, 1978, equivalendo à 4ª ed.; 5ª ed., revista e aumentada, com o novo título de *Pequena história da música popular: da modinha ao tropicalismo*, São Paulo, Art Editora, 1986; 6ª ed., revista e aumentada, com novo título de *Pequena história da música popular: da modinha à lambada*, 1991.

Música popular: os sons que vêm da rua. São Paulo: Tinhorão, 1976 (esgotado).

As origens da canção urbana. Lisboa: Editorial Caminho, 1977.

Música popular: do gramofone ao rádio e TV. São Paulo: Ática, 1981 (esgotado).

Música popular: mulher & trabalho, plaqueta. São Paulo: Senac, 1982 (esgotado).

Vida, tempo e obra de Manuel de Oliveira Paiva (uma contribuição). Fortaleza: Secretaria de Cultura e Desporto, 1986.

Os negros em Portugal: uma presença silenciosa. Lisboa: Editorial Caminho, 1988, 2ª ed. 1997.

Os sons dos negros no Brasil. Cantos, danças, folguedos: origens. São Paulo: Art Editora, 1988.

História social da música popular brasileira. Lisboa: Editorial Caminho, 1990. São Paulo: Editora 34, 1998; 2ª ed. 1999.

Os sons do Brasil: trajetória da música instrumental, plaqueta. São Paulo: Sesc, 1991.

A música popular no romance brasileiro: vol. I, séculos XVIII e XIX. Belo Horizonte: Oficina de Livros, 1992. São Paulo: Editora 34, 2ª ed., 2000.

Fado: dança do Brasil, cantar de Lisboa. O fim de um mito. Lisboa: Editorial Caminho, 1994.

Os romances em folhetins no Brasil (de 1830 à atualidade). São Paulo: Duas Cidades, 1994.

A imprensa carnavalesca no Brasil: um panorama da linguagem cômica. São Paulo: Hedra, 2000 (Dissertação de Mestrado em História Social apresentada ao Curso de Pós-Graduação da Universidade de São Paulo em 1999).

A música popular no romance brasileiro: vol. II, século XX (1ª parte). São Paulo: Editora 34, 2000.

Cultura popular: temas e questões. São Paulo: Editora 34, 2001.

No prelo:

A música popular no romance brasileiro: vol. III, século XX (2ª parte). São Paulo: Editora 34.

Este livro foi composto em Sabon pela Bracher & Malta, com fotolitos do Bureau 34 e impresso pela Bartira Gráfica e Editora em papel Alta Alvura 75 g/m² da Cia. Suzano de Papel e Celulose para a Editora 34, em setembro de 2001.